The
Automatic
Millionaire

월급만으로 20억원을 만든 부의 자동화

# 자동 부자 습관

— 데이비드 바크 지음 | 김윤재 옮김 | 이혜경 감수 —

 돈은 습관이 벌게 하고,
당신은 인생에 투자하라!

마인드
빌딩

영어 교사였던 피터 안나스 선생님께.
제게 신경 써 주고, 글을 쓸 수 있게 도와주서서 감사합니다.
덕분에 제 인생이 바뀌었으니까요.

# 돈은 습관이 벌게 하고,
# 당신은 인생에 투자하라!

작지만 확실한 행복, 소확행을 찾는 사람들이 많다. 맛있는 것을 먹거나, 멋진 카페에서 시간을 보내거나, 홀쩍 해외여행을 떠나는 등 소확행은 보통 나를 위해 뭔가 소비하는 형태로 인식된다. 하지만 소확행은 소비 행위에서만 찾을 수 있는 게 아니다. 얼마 안 되는 금액이라도 조금씩 통장에 넣어서 매달 불어나는 원금과 이자를 들여다보는 즐거움이 얼마나 쏠쏠한가. 어디 그뿐인가. 1년에 한 번씩 배당금이 들어왔을 때 증권사 계좌를 확인하는 즐거움, 투자해놓은 P2P 금융에서 매달 꼬박꼬박 입금되는 이자를 보는 즐거움, 임대 놓은 집에서 매달 정기적으로 들어오는 월세를 확인하는 즐거움까지 저축과 투자에서 얻는 소확행은 결코 소비형 소확행에 뒤쳐지지 않는다.

물론 저축·투자형 소확행을 얻으려면 저축하고 투자하는 행위가 그에 앞서 이뤄져야 한다. 이 행위 과정이 사람에 따라서는 힘든 일이 될 수도 있다. 허리띠 졸라매고 아낄 때는 구질구질해서 짜증이 나지만, 친구들과 카페에서 라테 한 잔 하며 수다 떨 때는 우아하고 즐겁다. 감수자도 이를 너무나 잘 알고 있다. 그러니 인내심을 발휘해야 할 저축·투자형보다 지갑을 열기만 하면 되는 소비형이 소확행의 주류가 된 배경을 이해 못 할 바는 아니다.

하지만 이 책을 펼친 당신이라면 달콤한 소비형 소확행을 누린 지 얼마 지나지 않아 찾아오는 '빈 지갑의 슬픔'을 깨달았을 가능성이 크다. 어떻게 하면 소비형 소확행에서 저축·투자형 소확행으로 부드럽게 넘어갈 수 있을까.

《자동 부자 습관》은 이에 대한 해결방안을 제안하는 책이다. 요약하자면 자기만의 라테 요인이 뭔지 파악해 새어나가던 돈을 틀어막고, 이렇게 마련한 자금을 어딘가로 자동이체해서 미래를 준비하자는 것이다.

저자인 데이비드 바크는 자동이체하는 자금을 담아둘 대표적인 수단으로 퇴직연금을 거론했다. 나라마다 사정이 다를 수 있음을 감안해 바크가 제안한 자동 부자 습관은 각자의 재테크 지식수준과 취향, 상황에 맞춰 퇴직연금을 포함한 여러 유형의 연금, 다양한 금융상품, 부동산, 주식, 외환, 금 등에 적용해 보면 좋을 것이다.

사실 지금 이 글을 쓰는 감수자는 저자의 제안을 나도 모르는 사이에 꽤나 오랫동안 실천해왔다. 그 덕분에 이제는 조직 생활의 스트레스 없이 살고 있다. 저자의 제안이 실제로 효과적임을 감수자도 실감한다는 얘기다. 아껴서 마련한 재원이 스스로 구르게 해놓기만 하면 된다. 그러면 우리는 소중한 우리 인생에 좀 더 집중할 수 있다.

감수자 이혜경(경제·금융·투자 전문 작가)

# 부자 되는 여행에 끝이란 없다

《자동 부자 습관》의 새로운 개정판을 선택해 준 분들에게 감사
드립니다. 여러분이 이 책을 골랐다는 것은 금전적으로 한결 더
편안한 미래를 만들겠다고 결심했다는 뜻이기도 하지요. 처음
만나는 독자분들, 환영합니다. 또 이 책의 이전 판을 이미 읽었던
독자분들, 다시 뵈어 반갑습니다. 이 만남을 저는 계속 기다리고
있었답니다.

2003년 처음 이 책을 썼을 때 제가 가졌던 목표는 단순한 것
이었습니다. '자동 부자 습관'을 알려줌으로써 1,000만 명의 사
람들이 금전적인 자유를 누리도록 돕기를 바랐답니다. 물론 쉽
지 않은 도전임을 알았지만 그만큼 흥분되는 목표였고, 시도할
만한 가치가 충분하다고 여겼습니다. 다만 그 첫 시도 당시 제가
미처 깨닫지 못했던 점은, 자신의 삶을 발전시키기 위해 실천에
나선 사람들의 입에서 입으로 전해지는 '말의 힘'이었습니다.

행동할 준비가 된 사람들에게 이 책이 전해지자마자, 곧 수

없이 많은 삶들에서 진정한 변화가 일어나기 시작했습니다. 이미 책을 읽은 독자들이 선물용으로 책을 더 구입해, 친구들, 가족들, 동료들에게 나눠줬다고 합니다. 눈 깜짝할 사이에 이 작은 책은 세계 곳곳에서 폭발적으로 팔려 나갔습니다. 단 몇 주 만에 《자동 부자 습관》은 〈뉴욕타임스〉, 〈월스트리트 저널〉, 〈USA 투데이〉, 〈비즈니스 위크〉를 포함한 거의 모든 베스트셀러 순위의 맨 꼭대기에 이름을 올렸답니다.

그러고 나서 몇 달 동안 저는 오프라 윈프리 쇼, NBC 투데이 쇼, CBS 얼리 쇼, CNN 아메리칸 모닝 등등의 TV 프로그램에 등장해 '자동 부자 습관'의 철학을 전파할 수 있었습니다. 또 PBS의 스페셜 방송을 통해 수백만 시청자들을 만나는 행운을 누리는 동시에, 미국과 캐나다에서 전국 강연 투어를 다녔지요.

몇 년 지나지 않아 《자동 부자 습관》은 전 세계에서 100만 부이상 판매되었고, 15개 언어로 번역되었으며, 〈비즈니스 위크〉가 뽑은 '올해의 경제경영서'에도 선정되는 영광을 누렸습니다. 이후로도 거의 10년 동안 베스트셀러 자리를 지키면서 나이나 소득 수준을 불문하고 모든 사람들을 도울 수 있었지요.

이러한 성공이 제게 단지 흥분과 겸손만을 가져다준 건 아니었습니다. 무엇보다 점차 새로 깨닫게 되는 점이 있었던 겁니다. 우선 돈과 관련된 문제에 대해, 심플하면서도 실행 가능한 코치에 관한 사람들의 욕구가 얼마나 거대한지 느낄 수 있었습니다. 시간이 많이 흘렀지만, 오히려 오늘날 그 욕구는 과거 어느 때보다도 더 크다는 걸 지금 저는 느끼고 있습니다. 더 중요한 점은, 단순해 보이는 이 아이디어가 실제로 사람들의 인생을 바꿀 수 있다는 걸 제가 지켜봤다는 겁니다. 수천 명의 독자분들이 이 책이 선사한 도구를 이용한 결과 자신이 누리게 된 성공 스토리를 제게 보내주셨죠. 초판이 나온 후 해가 거듭될수록, 독자들의 스토리는 더욱 구체적으로, 더 생생하게, 더 놀랍게 변해갔습니다.

이렇게 이미 엄청난 영향을 끼친 책인데 왜 굳이 개정판을 냈느냐고요? 답하기 쉬운 질문입니다. 세상은 끊임없이 변하고 있고 돈에 대한 배움은 결코 끝나지 않는 과정이기 때문입니다. 오늘날의 세계는 역사상 그 어느 때보다 더 빨리 변하고 있습니다. 제가 마지막으로 이 책의 개정판을 낸 이후, 우리는 가혹한 경제적 침체기를 겪었고 또 훌륭히 극복해내기도 했지요. 그 결과 이제 백만장자의 수는 미국에서 1,000만 명, 세계적으로는 1,700만 명을 넘어섰고요. 특히 전 세계 백만장자의 수는 10년 전에 비하면 두 배로 늘어난 수치입니다. 하지만 솔직히 말하면, 모든 사람이 그렇게 회복의 과정에 동참하여 백만장자가 된 건 아니며, 여전히 자신의 재정에 대해 불안감을 감추지 못하는 사람들이 대부분인 실정입니다.

또한 이 책이 처음 발간된 이후 우리는 전례 없는 기술적 발전을 경험하기도 했습니다. 좋은 점은 이 기술 발전 덕택에 '저절로 부자 되기'가 한결 쉬워졌다는 겁니다. 또 이 책의 핵심 메시지와 원칙들은 변함이 없지만, 관련 세금 제도나 법령이 많이 변했기에 저는 지금 상황에 맞게 관련 웹사이트, 투자 전략이나 테크닉을 업데이트하여 담았습니다. 또한 그동안 제가 받게 된 성공 스토리들을 새롭게 추가하기도 했습니다. 이 스토리들은 여러분처럼 손에 잡히는 결과를 얻고자 했던, 그리고 결국 그 바람을 이뤄낸 사람들이 전해온 실제 이야기입니다. 그중에는 너무도 놀라워서 도저히 믿지 못할 이야기도 있었습니다. 아무리 시간이 흘러도 그 가치가 변하지 않는 조언들을 통해, 여러분도 작은 변화가 사람들의 삶에서 일궈낸 기적을 볼 수 있을 겁니다. 이런 이야기들을 제 웹사이트(www.finishrich.com)에서 더 많이 만날 수 있습니다. 그냥 제 말을 당연하다고 여기지 말고, 생생한 실제 사례들을 직접 접하면서 그 이야기 속의 사람들이 여러분에게 전하는 "나도 했으니, 당신도 할 수 있어요"란 격려를 경험해 보세요. 실제로, 여러분도 할 수 있습니다! 마지막으로, '한눈에 보는 자동으로 부자 되는 법'을 이 책에 추가했습니다. 이 단순하지만 강력한 한 쪽짜리 도표는 여러분의 계획이 완전히 자동으로 이뤄지도록 로드맵 역할을 해줄 것입니다.

하지만 한 가지, '부자 되는 법을 쉽고, 재밌고, 실행할 수 있도록 익히게 한다'는 이 책의 근본적인 목적만은 이 개정판에서도 절대 변하지 않았습니다. 또한 "재테크를 올바르게 '자동화'한다면, 모든 일이 술술 풀린다"는 불변의 원칙 또한 그대로지요.

다시 한번, 저를 여러분의 가이드이자 코치로 선택해 주신 점에 대해 마음 깊숙이 감사를 전합니다. 부디 이 책이 안내하는

12

여정을 즐겁게 즐겨 주시길 바랍니다! 여러분은 충분히 부자로 살아갈 자격이 있다는 사실을, 누구보다 제가 잘 알고 있습니다. 그러니 이제 함께 시작해 봅시다!

데이비드 바크

## 차례

프
롤
로
그

인생에서 어떤 일을 하던

금전 문제에 적절히 신경 쓰는 시간을 갖지 않으면 불행해질 것이다.

금전 문제를 등한시해 과학과 천재성의 발전이 늦어져 왔다.

윌리엄 코베트

만약 한두 시간만 투자하면, 천천히 그러나 확실하게 당신을 부자로 만들어줄 시스템에 대해 배울 수 있다면 어떻겠습니까?

더구나 효과가 입증된 이 '자동 부자 습관' 시스템을 한두 시간만에 자신의 것으로 만들 수 있다면?
별도의 예산도, 교육도 필요 없이, 단지 하루 1만 원 이하의 투자만으로 전화나 인터넷을 통해, 그것도 집에 편히 앉아 실행 가능하다면?
너무도 쉬워서 일단 자신의 것이 된 이후엔 한 달에 10분씩만 투자해도 충분하다면?

이러면 관심이 생기나요?
당신의 한두 시간을 이 책을 읽는 데 투자할 수 있나요?
저의 '자동 부자 습관' 프로젝트에 동참할 마음이 생겼나요?

위의 글을 읽고 마음이 동했다면, 다음 내용도 계속 읽어 주길 바랍니다. 만약 지금 이 글을 읽고 있는 장소가 서점이라면, 부디 그 상태로 몇 페이지만 더 넘겨보세요. 그 효과를 제가 보장하지요. 이 책은 그렇게 한두 시간만 투자하면 바로 실행에 옮길 수 있도록 고안됐습니다. 쉽게 익히고 쉽게 실천할 수 있는 시스템이지요. 검증된 금융 상식에 기반한 내용이므로, 당신이 도움을 원하기만 한다면 기꺼이 당신의 도우미가 되어줄 겁니다.

## 내 꿈은 누가 훔쳐갔을까?

괜찮은 동네에서 내 집을 갖고, 그럴듯한 차를 굴리고, 적어도 나보다는 나은 삶을 내 아이에게 물려주고, 여유 자금을 벌어 은퇴하려는 우리의 소박한 꿈에 도대체 무슨 일이 벌어진 걸까요. 많은 사람들이 이런 꿈을 도둑맞고 있습니다.

2007년 주택 시장의 붕괴와 그로 인한 경제 위기 이후, 미국은 고통스러운 경제적 침체기를 맞았고 우리들 대부분은 여전히 그 고통에서 벗어나지 못하고 있지요. 주식 시장의 하락으로 인한 자산의 증발을 많은 사람들은 그저 지켜봐야만 했습니다. 2007~2009년의 하락장 동안 월스트리트는 무려 11조 달러(한화 1경 1,000조 원)의 손실을 봤습니다. 불행히도 수백만의 미국인들은 아직 그 손실을 회복하지 못하고 있답니다. 그 결과 수많은 사람들이 은퇴 이후의 삶을 누리지 못하고 강제로 다시 일터에 복귀해야 했습니다. 이들이 앞으로 얼마나 더 오래 일해야 하는지는 아무도 모릅니다. 그와 동시에 앞으로 5~10년 사이 은퇴를 앞둔 수백만 명의 사람들은 "인제 어쩌지? 과연 내가 은퇴할 수 있을까? 대체 내 꿈은 어디로 사라진 걸까?"하며 당황해하는 상태랍니다.

이제는 더 이상 과거와 같은 방식의 미래에 대한 투자는 소용이 없습니다. 미국저축교육위원회[ASEC]에 따르면 전체 미국인 근로자 중 57%는 저축액이 2,500만 원 미만이라고 합니다. 또한 미국인 셋 중 한 명은 아예 은행에 잔고가 없다는 뱅크레이트닷컴(Bankrate.com)의 조사 결과도 있지요. 맞습니다. 제로, 즉 아무것도 없다는 뜻입니다. 또 최근의 통계는 미국인의 카드빚이 평균 840만 원이 넘는다고 합니다.

심지어 상대적으로 부유하다고 여겨지는 베이비부머 세대도 금융적 기반이 불안하기는 마찬가지입니다. 매일 만 명가량의 베이비부머들이 퇴직 연령에 도달하지만, 미국퇴직자협회[AARP]의 연구에 따르면 이들의 자산 가치는 겨우 100만 원에 그친다고 합니다. 부유하기는커녕 파산 직전에 놓여 있는 것이지요.

## 당신의 통장은 안녕한가?

여전히 월급날만 기다리며 살고 있나요? 혹시 그보다도 못한 상태인가요? 혹시 카드 대금을 매달 최소 금액만 결제하는 방식으로 근근이 버티고 있나요? 그런데 이건 아십니까? 200만 원의 카드빚을 지고 매달 최소 금액만 결제하면, 그 빚을 다 청산하는 데 18년 이상이 소요되고 결국 460만 원 이상의 빚을 갚아야 한다는 사실을?

이런 사실과 숫자를 지적하는 이유는 여러분을 낙심시키기 위해서가 아닙니다. 단지 자신이 바라는 만큼, 혹은 필요한 만큼 부자가 아니라고 해도, 여러분과 같은 처지인 사람들이 많다는 걸 알려주기 위해서지요.

만약 제가 재테크에 관해 쓴 11권 중 하나라도 읽어본 분이라면, 돈에 관한 한 제가 얼마나 현실적인 태도를 보이는지 잘 아실 겁니다. 또 제가 그동안 수백만 명의 금융 생활을 얼마나 성공적으로 바꿔놨는지도 아실 테지요. 바로 돈이라는 주제를 재미있고 단순하게 다룬 덕분입니다. 바로 이 현실에 입각한 정신으로 이제부터 왜 제가 이 책을 쓰게 됐는지 설명하고자 합니다. 말 그대로 아주 단순한 이유거든요.

## 당신은 부자가 될 자격이 있다
### -다만 부자 되는 비결을 모를 뿐!

그건 바로 여러 권의 책을 쓰고, 라디오와 TV에 출연하고, 수백 번의 강연과 세미나를 치를 때마다 사람들은 빠짐없이 제게 물어오기 때문입니다. "데이비드, 부자 되는 비법은 뭔가요? 저도 아직 부자가 될 수 있을까요? 이미 늦은 건 아닐까요?"

심지어 제 친구조차도 똑같은 질문을 하더군요. "데이비드, 나는 재테크 전문가에게 상담하는 것도, 지루하고 두꺼운 책을 읽는 것도, 강의를 듣는 것도 다 싫어. 그냥 내게 말해주게나, 그 비밀이 뭔가?"

그렇습니다. 부자 되는 비결이 따로 있긴 해요. 그것도 아주 단순합니다. 사실 너무 단순하다는 이유로 제대로 실천하는 사람이 없을 정도지요.

그냥 단순하기만 한 게 아닙니다. 아주 명백하기까지 합니다. 너무 명백해서 아마 당신도 이미 대충은 다 알고 있을 겁니다. 하지만 그렇다고 해서 이 책에서 당신이 배울 점이 없다는 뜻은 아닙니다. 어쨌거나 이 책을 읽고 있다면 당신은 아직 부자가 되지 못했다는 뜻일 테고, 이 책에서 다룰 기술들을 이미 알고 있는지는 그리 중요한 문제가 아닙니다.

왜냐고요?

알고 있다고 해도 그 기술을 써먹지 못했다는 것이니까요. 그리고 대부분의 사람들도 별반 다르지 않습니다. 사실 많은 미국인들이 이 비결의 사용법을 모르니까요. 학교에서 가르쳐 주지 않았다는 이유로 말이지요.

## 학교에서 배웠어야 하지만 그렇지 못했던 것들

이 책의 목적은 그 비밀을 당신과 나누는 것을 넘어, 당신이 그 비결을 몸소 익히게끔 하는 겁니다.

우선 분명히 해야 할 사항이 있습니다. 저는 "당신의 재정 상황을 하룻밤에 바꿔놓겠다"고 약속하는 게 아닙니다. "우리 프로그램을 구입하고 뉴스레터를 구독하면 당신도 당장 부자가 될 수 있다"고 약속하는 광고를 내려는 게 아니란 겁니다.

그렇다고 이 책의 제목이 허풍이란 건 아닙니다. 단지 당신을 몇 주, 몇 달, 몇 년 내에 백만장자로 만들어 주겠다는 뜻은 아니란 걸 말하고자 하는 겁니다. 대신 당신이 배우게 될 건 평생에 걸쳐 서서히, 그리고 확실하게 부자가 되는 비결입니다. 말하자면 토끼가 아니라 거북이처럼 부자 되는 법이지요. 물론 몇 주나 몇 달 만에 부자가 될 수 있다는 말보다는 덜 달콤할지도 모릅니다. 하지만 이것 하나만은 약속하죠. 훨씬 더 현실적이라는 점 말입니다. 앞서 말한 대로 검증을 거친, 재정적으로 독립할 수 있는 상식적인 방법이지요. 바로 당신의 꿈을 이뤄주는.

생각해 보세요. 요즘 빚에 발목 잡히지 않고, 꿈꾸던 삶을 살 수 있을 만큼 충분한 돈을 모아두고, 무엇보다 그 모든 걸 즐길 만큼 젊은 나이에 은퇴하는 사람이 얼마나 되나요? 여러분도 그 중 한 명이 되고 싶지 않나요? 이런 꿈같은 삶을 누릴 자격이 자신에게도 있다고 생각하지 않나요? 바로 이 작은 책이 당신에게 안겨주고자 하는 선물입니다.

## 어떻게 이 책으로 부자가 될 것인가

우선 당신은 진정한 오리지널 자동 부자들을 만나보게 될 겁니다. 재테크 전문가, 작가이자 강연가로 살아오면서 저는 수백 명의 자동 부자들을 직접 만날 수 있었습니다. 놀라운 점은 그들이 바로 주변에 있음에도 여러분이 미처 알지 못했다는 사실이지요. 1장에서 소개할 매킨타이어 부부는 제가 처음 만난 자동 부자로, 제 인생을 바꿔놓은 사람들입니다.

그러니 그들의 스토리를 찬찬히 들어보세요. 당장 돈에 관한 당신의 생각을 바꿔놓을 강력한 메시지들이 그 안에 담겨 있으니까요. 그리고 일단 생각이 바뀌면 행동을 바꾸기는 훨씬 쉬운 일이 될 겁니다. 그다음 이어지는 8개의 장에서 제시하는 자동 부자들의 발걸음을 좇다 보면 어느새 자동 부자가 되는 비결을 익히게 될 것입니다.

## 복잡한 돈의 세계, 심플하게 만들어라

'돈'을 주제로 한 책은 수없이 많습니다. 모두가 당신에게 부자되는 법을 알려주겠다고 약속합니다. 아마 당신도 이미 그런 책 몇 권은 가지고 있을 겁니다. 하지만 당찬 포부로 구입했다가 읽어보지도 않았거나, 혹은 읽어보려고 했지만 아무 답도 얻지 못한 채 책장을 덮었을 테지요.

저는 당신의 골치를 아프게 하거나 잠들게 하려는 의도는 없습니다. 단순하고 직접적으로, 또 몇 시간만 투자해도 자동 부자가 되는 데 필요한 모든 것을 배울 수 있게 이 책을 썼답니다. 저의 '부자가 되기 위한 철학'을 밝히자면 아래와 같습니다.

- 돈을 많이 벌지 않아도 됩니다.
- 특별한 훈련도 필요 없습니다.
- 꼭 '사장'이 아니어도 괜찮습니다. (직장 생활을 하면서도 얼마 든지 부자가 될 수 있습니다.)
- '라테 요인'(자세한 설명은 2장에서)을 이용하면 하루 몇천 원 으로도 부자가 될 수 있습니다.
- 부자가 '부자가 된 이유'는 자신에게 먼저 투자했기 때문입니다.
- 주택소유주는 부자가 되고 세입자는 가난해집니다. (시대가 바 뀌어도 여전히 맞는 말입니다.)
- 무엇보다 실패하는 법 없는 '자동 시스템'을 갖추는 것이 가장 중요합니다.

## 자동 부자 습관을 익혀라

달리 말하면 이렇습니다. "자동 시스템을 갖추지 못한다면 당신 의 재정 계획은 실패할 것이다!" 반드시 예산을 지켜야 하고, 매 주 지출을 점검해야 하는 투자 계획은 성공할 확률이 매우 낮지 요. 당신은 바쁜 사람이니까요. 가만히 앉아 얼마나 어떻게 저축 하고 무엇을 지출해야 할지 곰곰이 따져볼 시간이 부족하니까 요. 이런 식의 계획과 저축은 이미 수없이 시도해 보지 않았나 요? 그리고 결국 별 효과가 없었지요? 그런데도 대부분의 사람 들이 여전히 이 방식을 고수합니다. 결국 그 뒤에 만나는 건 절망과 실패뿐이지요.

그러나 여기, 아주 심플한 해결책이 있습니다.

당신의 미래에 진정한 부를 보장해 줄 재정적 변화를 일으킬 단 하나의 방법은 바로⋯ 이겁니다.

## 재테크를 자동화하라!

재테크에 대한 계획을 자동화하는 것이야말로 확실하게 실패를 피할 수 있는 '한 걸음'입니다. 왜냐고요? 자동화한다는 건 성공에 채널을 맞추는 일이기 때문이죠. 또한 앞으로 배우게 되겠지만, 이 자동화를 불과 몇 분 만에 이룰 수 있습니다. 이 한 걸음이 바로 당신의 재정 상태가 '저절로' 굴러가도록 만들어주는 비결이랍니다!

'계획을 자동화한다'는 의미는, 일단 계획을 세우고 그 계획대로 따른다면, 당신은 이제 더 이상 돈에 대해 오랜 시간 생각하고 고민할 필요 없이 자신의 인생에 투자할 수 있습니다. 왜 이것이 중요할까요? 지금 당신이 놓치고 있는 가장 궁극적인 한 가지가⋯ 당신의 '인생'이기 때문이지요! 재테크를 자동화해서 얻는 가장 훌륭한 보상은 '고민 없는 시간'입니다. 즉, 자신의 인생을 제대로 누릴 수 있다는 겁니다.

이처럼 심플하고 자동화된 '자동 부자'의 계획에 마음이 끌린다면, 제대로 된 길에 들어섰다고 볼 수 있습니다. 언뜻 너무 쉬위 보인다고 걱정할 필요는 없습니다. 앞으로 곧 알게 되겠지만, 그 믿을 수 없을 만큼 심플함 덕분에 이 책을 쉽게 정복할 수 있는 거니까요. 더불어 각 장 말미에 붙은 '자동 부자들의 행동 수칙'이라는 코너에서 진정한 부가 저절로 쌓이는 여정을 오늘 당장 출발할 수 있도록 아주 명확하게 일러줄 겁니다.

당신도 충분히 할 수 있습니다. 매킨타이어 부부가 부자 된 비결은 누구나 따라할 수 있는 것이었지요. 그러니 저를 따라온다면 몇 시간 지나지 않아 당신도 기쁘게 환호성을 지를 수 있을 겁니다. 부자 되는 법에 대한 자신의 생각이 얼마나 바뀌었는지, 또 당신이 이미 부자 될 준비를 얼마나 갖추고 있는지 깨닫고 감탄하면서 말이지요.

# 내가 처음으로
# 자동 부자를 만났을 때

가격은 우리가 내는 돈이며,
가치는 그것을 통해 얻는 것이다.

워런 버핏

제가 처음으로 '자동 부자'를 만났던 때를 지금도 잊지 못합니다. 당시 저는 20대 중반으로 지역의 성인 교육 프로그램에 개설된 재테크 강좌에서 강의를 하고 있었죠. 수강생 중에 지역 공익기업에서 관리자로 일하던 중년의 짐 매킨타이어라는 사람이 있었는데, 서로 거의 교류가 없다가 어느 날 수업 후 그가 제게 다가와 자신 부부의 재정 상황에 대해 상담을 해줄 수 있는지 물었습니다.

저는 그의 요청에 좀 놀랐습니다. 물론 그때뿐 아니라 지금도 누구나 재정 전문가의 조언을 들어봐야 한다고 생각하지만, 여러모로 짐은 그럴 필요를 느끼지 못할 타입의 사람으로 보였거든요. 그에게 기꺼이 상담은 해주겠지만, 정말 제 도움을 바란다면 아내와 함께 오라고 권했습니다. 부부의 돈 관리는 함께 고민해야만 하는 문제라고 여겼기 때문이죠.

그 말에 짐은 웃으면서 "물론이죠"라고 답했습니다. "제 아내때문에 제가 여기 있는 거니까요. 강사님의 세미나를 한 번 듣고는 제게 이 강좌에 등록하라고 하더군요. 저도 강의에서 배운 점이 많아서 이번 기회에 재테크 계획을 좀 세워보려고 해요. 제가 다음 달에 퇴직할 예정이라서요."

이번에는 정말 크게 놀랐습니다. 입 밖으로 꺼내진 않았지만, 매킨타이어 씨를 요리조리 살펴봐도 과연 지금 은퇴할 수 있을 만큼 여유 있어 보이진 않았기 때문이죠. 수업에서 들은 바에 따르면 그는 50대 초반으로 같은 회사에 30년째 다니고 있고, 연봉은 4,000만 원을 넘지 않는 데다가, 예산 관리의 필요성을 크게 못 느꼈다고 했습니다. 또 자신을 가리켜 '안정을 추구하는 스타일'이라고 했던 거로 봐서는 주식 투자로 돈을 벌었을 것 같지도 않았고요. 할머니는 제게 사람을 겉만 보고 판단하지 말라고 하셨지만, 그래도 뭔가 찜찜했어요. 아마 부모에게 많은 돈을 상속받은 모양이라고 넘겨짚어 볼 뿐이었습니다.

## 이 사람들 대체 뭐지?

며칠 후 제 사무실로 찾아온 매킨타이어 부부는 딱 근면 성실하고 평범한 미국인들처럼 보였습니다. 지금도 짐이 어떤 복장을 하고 있었는지 선명하게 기억나네요. 그는 반소매 와이셔츠 상의 주머니에 펜 번짐 방지용 보호대를 넣어두었어요. 짐의 아내인 수는 금발로 부분 염색을 한 머리가 눈에 띄었고, 좀 더 세련된 차림이었습니다. 미용사인 그녀는 짐보다 한두 살 아래였지요.

특별했던 점은, 그들이 전혀 중년의 부부처럼 행동하지 않았다는 겁니다. 마치 첫 데이트를 나간 고등학생들처럼 즐겁게 서로의 손을 맞잡고 있었습니다. 제가 미처 어떻게 도우면 될지 묻기도 전에 짐이 자신의 계획과 앞으로 맞게 될 여가를 어떻게 즐길 것인지 설명하기 시작하더군요. 그러는 동안 수는 계속해서

경탄의 추임새를 넣었고요. "이렇게 일찍 은퇴할 수 있다니 대단하지 않나요? 대부분의 사람들은 65살이 되어서야 겨우 은퇴하는데, 짐은 이제 고작 52살밖에 안 됐잖아요!"

## 너무 앞서 가지 맙시다

이렇게 몇 분이 흐른 뒤, 저는 짐의 말을 끊어야 했습니다. "와, 참 열정적이시군요. 하지만 여기서 너무 앞서 나가지는 말자고요. 지난 몇 년 동안 은퇴를 희망하는 사람들을 수백 명은 만나봤는데, 그중에서 정말 50대 초반에 은퇴할 수 있는 여력을 가진 사람들은 거의 없었거든요." 그리고 짐의 눈을 들여다보면서 말했죠. "보통 저를 찾는 사람들은 은퇴할 수 있는지 알아보기 위해서 오곤 하지요. 하지만 선생님은 이미 확신하고 있군요. 어떻게 은퇴를 감당할 수 있다고 그렇게 자신할 수 있죠?"

이들 부부가 시선을 교환하더니 짐이 입을 열었습니다. "강사님은 우리가 그만큼 부유하지 않다고 생각하시는 거군요. 그렇지 않나요?" 딱히 질문이라고 하기 어려운 어조였습니다.

"글쎄요, 꼭 그런 의미는 아닙니다만… 사실, 조기 퇴직에는 상당한 자금이 필요하고 선생님 나이에 그런 돈을 마련해 놓기란 쉽지 않으니까요. 제가 알고 있기로는 솔직히 충분한 자금을 모았는지 의심스럽군요."

저는 짐을 똑바로 보며 말했고 그 역시 차분하게 응시하며 제 말을 듣고 있었습니다.

"선생님은 이제 52살이세요. 65살에 퇴직해도 직장에 다닐 때와 동등한 생활 수준을 유지할 수 있는 사람은 열 중 한 명에 불과하죠. 그러니 지금의 수입으로 그 나이에 퇴직한다는 건 정말 엄청난 일이라는 걸 인정하셔야 해요."

"충분히 맞는 말입니다." 짐은 고개를 끄덕이며 제게 서류 뭉치를 건넸습니다. 그들 부부의 납세신고서와 자산과 부채가 기록된 재무제표들이었죠.

우선 납세신고서를 들여다봤습니다. 작년 한 해 부부의 총수입은 5,394만 6,000원으로 나쁘지 않았습니다. 분명 부자라고는 할 수 없지만 꽤 괜찮은 소득이라고 할 수 있을 정도였어요.

좋습니다. 그럼 다음, 그들의 빚은 얼마나 됐을까요? 재무제표를 뒤적였지만 부채라고 할 만한 내용이 눈에 띄지 않았지요. 그래서 저는 눈썹을 추어올리며 물었습니다. "흠, 부채 항목이 비어 있는데요?"

## 빚을 지지 않는 비결

그들은 서로 미소를 교환하더니 수가 짐의 손을 꼭 쥐고 빙긋 웃으며 말하더군요. "우리 부부는 빚을 지지 않아요."

"그럼 자녀들은요?"

"우리 아이들이요? 모두 대학을 졸업했고, 각자 자립했어요."

"거 참 잘 됐군요. 그럼 재산 목록을 한번 보도록 하죠." 저는 다시 재무제표에 눈길을 돌렸습니다. 그들은 현재 살고 있는 4억 5,000만 원짜리 집과 세를 주고 있는 3억 2,500만 원짜리 집, 두 채를 소유하고 있었습니다.

"와우, 두 채 모두 담보 대출은 없군요?"

"그렇죠. 대출은 없습니다."

다음은 퇴직연금 계좌 차례였습니다. 짐의 기업 퇴직연금 계좌에 적립된 금액은 6억 1,000만 원이었죠. 그게 전부가 아니었어요. 수의 개인 퇴직연금 계좌 두 곳에는 총 7,200만 원이 적립돼 있었죠. 게다가 1억 6,000만 원에 달하는 지방채와 6,250만 원의 현금이 들어 있는 은행 계좌까지 있었습니다.

그리고 처분 가능한 자산을 살펴보니 지급이 완료된 보트 한 대와 세 대의 차까지 포함하면 그들의 총자산은 무려 20억 원에 달했습니다!

어떤 기준으로 보든 매킨타이어 부부는 '부자'였습니다. 빚 없이 깔끔하게 자산을 많이 보유하고 있는 것만으로도 충분히 인상적이지만, 그 때문만이 아니었어요. 투자로 인해 이자와 배당 수익을 꾸준히 받고 있는 데다 세를 준 집에서 연간 2,600만 원의 임대료가 들어오고 있었습니다. 무엇보다 짐은 이미 연금 수급 자격을 갖춰놓았고, 수는 미용사 일이 마음에 들어 60살까지 계속 일할 계획이었죠(굳이 그러지 않아도 되지만). 이제는 52살에 은퇴하겠다는 짐의 계획이 더 이상 미친 짓처럼 들리지 않았습니다. 완전히 실현 가능한, 아니 그 정도가 아니라, 너무나 멋진 계획이었던 거죠!

## '부자 되는 법'을 상속받다

보통 저는 누가 돈이 많다고 해서 놀라진 않습니다. 하지만 매킨타이어 부부는 뭔가 달랐어요. 그들은 부자처럼 보이지도, 아주 특별해 보이지도 않았습니다. 오히려 그 반대로 너무나 평범했지요. 그저 평균적인, 친절하고 성실한 사람들일 뿐인데 50대 초반이란 나이에 어떻게 이만한 부를 쌓을 수 있었던 걸까요?

저는 그들을 보며 어리둥절하면서도 묘하게 끌렸습니다. 당시 20대 중반이었던 저는 제법 돈을 잘 버는 편에 속했지만, 월급날을 기다리며 근근이 살아가는 건 여느 사람들과 다를 바 없었어요. 어떤 때는 돈이 좀 남아 저축할 여유가 있기도 했지만, 대개는 다음 달로 넘길 수 있는 자금이 한 푼도 없는 경우가 많았습니다. 저축할 수 있는 돈을 남기기 위해 아무리 열심히 일해도 앞서나가기는커녕 자꾸 뒤처지는 듯 느껴질 때가 대부분이었죠.

당황스러움을 넘어 절망감까지 밀려오더군요. 명색이 남들에게 투자법을 가르치는 재테크 전문가인데 정작 내 문제를 이렇게 관리 못 하다니. 게다가 매킨타이어 부부의 소득은 저의 절반에도 미치지 못하지만, 그들은 부자가 됐고 저는 오히려 빚이 점점 쌓여만 가는 신세였으니 말입니다.

분명히 그들은 뭔가를 알고 있었습니다. 바로 제가 배워야만 할 돈 관리법을 말이지요. 그래서 저는 그 정체를 밝혀야겠다고 마음먹었습니다. 저렇게 평범한 사람들이 어떻게 그만한 부를 축적할 수 있었을까? 그 비밀을 알고 싶었지만 도저히 실마리를 찾을 수 없던 저는 마침내 그들에게 물어봤죠. "이 중에서 상속받으신 재산이 있나요?"

그랬더니 짐은 껄껄대며 웃더군요. "상속이라고요?" 그는 머리를 휘휘 저으며 말을 이어갔습니다. "우리가 받은 유일한 유산은 '지식'뿐이었어요. 우리 부모님은 돈을 어떻게 관리해야 하는지에 대해 몇 가지 상식을 가르쳐 주셨고, 그대로 따랐을 뿐입니다. 우리가 아는 다른 많은 사람들도 마찬가지예요. 친구 중 절반 정도가 올해 퇴직하는데, 그들 중에는 우리보다 더 부자인 사람도 많답니다."

바로 이 순간, 저는 완전히 빨려들어 갔습니다. 애초에 상담하러 찾아온 사람은 매킨타이어 부부였지만, 이제는 제가 그들에게 조언을 구하는 셈이 된 거죠.

## '부자처럼 보이는 것' vs '진정한 부자가 되는 것'

"아시다시피, 저는 매주 제 강의를 들으러 오는 사람들을 많이 만나지만, 그들은 선생님과는 완전히 반대인 부류예요. 제 말은,

부유해 보이기는 하지만 실제로 따져보면 부자는커녕 파산 지경에 놓인 사람들이지요. 오늘 아침만 해도 신형 포르쉐를 몰고 금장 롤렉스 시계를 차고 온 사람을 만났어요. 겉으로 봐선 부자였지만 그의 재무제표를 들여다보니 죄다 빚이더군요. 50대 중반에 10억짜리 집에 살지만 주택담보대출이 8억이나 되고, 저축은 1억이 채 안 되는데 카드빚만 7,500만 원인 데다가 포르쉐도 리스로 이용하고 있는 거였어요! 더구나 두 명의 전처들에게 이혼수당까지 주고 있는 형편이었죠."

제가 여기까지 말하자 우리 셋은 모두 도저히 참지 못하고 웃음을 터뜨렸습니다. "물론 웃을 일이 아니란 걸 압니다만, 겉으론 부유하고 성공한 것처럼 보이는 이 사람은 사실 재정적으로나 감정적으로나 파산 지경이란 거죠. 재산 관리도 마치 포르쉐를 몰듯, 한계점까지 내달리고 있는 겁니다. 그러다가 두 분을 만났어요. 허름한 포드 자동차를 몰고 10년 된 시계를 차고 있는."

"아뇨." 갑자기 짐이 미소를 띠며 끼어들었습니다. "10년이 아니라 18년 된 시계예요."

"그렇군요! 18년 된 시계란 말이죠. 그렇지만 선생님들은 진정한 부자세요. 두 분은 여전히 행복한 결혼생활을 이어가고 있고, 장성한 두 자녀를 대학에 보냈고, 무엇보다 50대 중반에 은퇴를 앞두고 있죠. 그러니 제발 얘기해 주실래요? 대체 그 비밀이 뭡니까? 뭔가 대단한 걸 숨기고 있는 거죠?"

그러자 수는 제 눈을 똑바로 바라보며 물었습니다. "정말 알고 싶단 건가요?"

저는 말 없이 고개를 끄덕였죠. 수는 남편에게 눈길을 돌렸습니다. "15분 정도 설명해 줘도 괜찮을까?"

"물론이지. 15분도 필요 없을걸?" 그러고 나서 짐은 제게 말했습니다. "데이비드, 이미 당신도 다 아는 내용이에요. 매일 가르치고 있잖아요. 단지 우리는 그걸 실천하며 살고 있을 뿐이지요."

## 그들은 어떻게 부자가 됐을까

수는 깊은숨을 한 번 쉬고는 이야기를 시작했습니다. "자, 우선 우리는 일찍 결혼했어요. 첫 데이트 당시 짐은 21살, 저는 19살이었죠. 그리고 3년 후에 결혼했답니다. 신혼여행을 마치고 돌아오자 부모님들이 우리를 앉혀놓고는 이제부터는 정말 진지하게 인생을 살아가야 한다고 말씀하셨죠. 선택해야 한다고 하셨어요. 대부분의 사람들처럼 오직 돈을 좇으며 일하면서 매달 돈에 쪼들릴 것이냐, 아니면 돈이 우리를 위해 작동하게 하는 법을 배워 즐기면서 살 것이냐, 두 가지 중에서 말이어요. 부모님이 말해준 비결은 간단했어요. 한 푼이라도 벌 때마다 우선 자신을 위해 투자하기만 하면 된다는 것이었죠."

*"그래서 우리는 자신에게*
*가장 먼저 투자하기로 결심했습니다."*

짐이 동의하며 고개를 끄덕였습니다. "아시다시피 사람들은 대개 월급을 받고 맨 처음 할 일이 각종 청구액을 지급하는 거로 생각하죠. 그런 다음 남는 돈이 있으면 저축하면 된다고. 달리 말하면 다른 사람들에게 먼저 지급하고 자신에게는 마지막에 돈을 쓴다는 겁니다. 우리 부모님은 게임에서 앞서 나가려면 반대로 해야 한다고 말씀하셨어요. 자신을 위한 돈을 먼저 챙긴 다음, 다른 청구서들을 챙기라고요."

짐은 마치 "별것 아니죠?"라고 말하듯, 어깨를 으쓱하며 의자에 기댔습니다.

수는 고개를 흔들며 웃었지요. "짐은 참 쉽게 얘기했지만… 사실 우리를 위한 돈을 대체 어떻게 모을 건지 배우기가 쉽진 않았어요. 처음에는 예산에 그 항목을 반영해 보려 했지만, 당최 숫자가 맞춰지질 않아서 자주 싸우게 됐어요. 하루는 남편과 돈 문제로 싸운 후 화가 나서 어머니께 전화를 드렸더니, 예산을 짜는 건 소용없다고 하시더라고요. 부모님들도 그렇게 해봤지만 서로 싸우게만 됐을 뿐이라면서. 그래서 다 집어치우고 수입의 10%는 무조건 저금하기로 하셨대요. 미처 다른 데 쓸 생각할 겨를도 없게 말이지요. '그 10%가 없어도 금방 적응할 수 있다는 데 놀라게 될걸? 그 사이에 통장에는 돈이 쌓일 테고 말이야.' 어머니가 해주신 말씀이에요. '보이지 않는 돈은 쓸 수가 없다'는 게 어머니의 비결이었지요. 그래서 우리는 그대로 따랐어요. 처음에는 수입의 4%만 저금하는 거로 시작해서 차츰 저축액을 늘렸죠. 현재는 수입의 15%를 저축하지만, 평균적으로는 어머니 말씀대로 10%를 저축해온 셈이에요."

"그럼 그렇게 모은 돈을 어떻게 쓰셨나요?"

"우선 은퇴자금을 모으는 일부터 시작했어요."

수의 말에 짐이 끼어들었습니다. "아시겠지만, 당시만 해도 아직 일반적인 기업 퇴직연금 제도가 없었죠. 하지만 제가 다니던 회사를 비롯한 많은 기업이 희망자만 별도로 부을 수 있는 별도의 연금 제도를 운용하고 있었습니다. 제 동료들 대부분은 신경도 쓰지 않았지만, 우리는 그 제도에 가입했죠."

다시 수가 이야기를 이었습니다. "그다음 우선순위는 집을 살 돈을 모으는 것이었어요. 부모님들 모두가 이제껏 자신들이 한 최고의 투자는 집을 산 것이었다고 하셨거든요. 집을 소유하면 자유와 안전을 누릴 수 있다고요. 하지만 또한 온전히 내 집을 갖는 게 핵심이라고도 하셨어요. 즉, 집을 사느라 빌린 대출금을 최대한 빨리 갚아야 한다는 뜻이죠. 아무리 주변 친구들이 매일 집을 꾸미고 외식하느라 야단법석을 떨어도, 소비를 줄이고 저축하는 데 힘쓰라고 하셨어요. 얼마나 많은 사람들이 사소한 데 돈을 허비하고 있는지 깨우쳐 주신 거죠."

그녀는 짐을 쳐다보며 "당신도 기억나지, 여보?"라고 물었습니다.

"당연하지." 짐이 대답하고는 제게 눈을 돌렸습니다.

"잘 아시겠지만, 돈을 모은다는 게 인색하고 지루한 삶을 의

미하지는 않습니다. 단지 사소한 것들을 놓치지 않는 거죠. 없앨 수 있다면 한층 더 나은 재정을 보장해 주는 작은 소비 습관들 말입니다. 우리의 경우, 쓸데없이 돈을 많이 쓰고 있는 그 사소한 것이 '담배'였습니다. 우리 둘 다 하루에 한 갑씩 피우는 흡연자였고 부모님들은 질색하셨죠. 마침 당시 담배의 해악이 막 알려지기 시작했거든요. 담배 사는 돈만 아껴도 2년 안에 집을 살 계약금을 충분히 모을 수 있을 뿐만 아니라 건강까지 지킬 수 있을 거라고 충고하셨죠."

"또 우리는 라테 요인$^{\text{Latte Factor}}$을 주의했어요."

짐이 등받이에서 몸을 세우면서 강조했습니다. "선생님이 강의에서 말씀하신 개념이요. 아침마다 비싼 커피를 사느라 돈을 낭비하지 말고 그 돈을 투자하라고 가르치셨죠?"

전 고개를 끄덕였습니다.

"비록 그 용어를 쓰진 않았지만 제 아버지도 같은 개념을 말씀하셨어요. 아버지가 이름을 붙였다면 '담배' 요인이나 '함부로 돈 쓰지 마' 요인, 뭐 이렇게 부르셨겠지만. 어쨌든 그 아이디어는 동일한 것이었습니다. 하루에 몇천 원을 아낀다면 나중엔 그 돈으로 집도 살 수 있을 거라고요. 세 들어 살면 남의 배만 불리고 자신은 거지가 될 뿐이라고 하셨죠. 하지만 집을 사면, 결국은 부자가 될 수 있다면서요."

"그게 다예요?" 더는 참지 못하고 제가 물었습니다. "담배를 끊어서 돈을 모으고 집을 산 게 끝이란 말입니까?" 저는 짐과 수를 쳐다봤죠. 그들은 미소를 지으며 고개를 끄덕일 뿐이었습니다. "하지만 그렇게 해서 대체 어떻게 집을 두 채나, 그것도 대출도 남기지 않고 장만할 수 있었나요?"

"정확히는 두 채가 아니죠. 한 채만 우리가 쓰고 다른 한 채는 세를 주니까요. 그게 또 다른 비결이기도 하죠."

수의 말을 짐이 이어받았습니다. "역시 부모님이 가르쳐 주신, 대출금을 빨리 상환하는 방법이 있어요. 은행 입장에선 손이 더 가는 일이긴 하지만, 요즘은 훨씬 쉬워졌죠. 매달 한 달을 다 채워서 대출금 한 달 치를 갚는 게 아니라, 2주마다 그 절반의 금액을 갚는 겁니다(미국은 대부분 매주 또는 격주로 급여를 받는다. – 감수자). 이러면 대출금을 추가상환extra payment하는 효과가 있어서, 일 년쯤 꾸준히 갚아나가면 경제적으로 쪼들리지 않으면서도 같은 돈으로 더 많은 대출금을 갚을 수 있는 거지요. 결국 30년 걸려야 갚을 수 있는 돈을 25년이면 다 갚을 수 있습니다. 이렇게 계산해보니 20대 중반에 집을 사면, 40대 후반에는 대출금을 다 갚을 수 있겠더군요. 그런데 실제로는 결과가 더 좋았어요. 꾸준히 이 방법을 쓴 덕분에 대출금 상환이 앞당겨진 거죠. 그렇게 30대 후반에 집 한 채를 온전히 소유하게 됐어요."

"그다음은요?"

"대출금을 갚을 필요가 없어졌으니, 그때부터 매달 그만큼의 돈을 모을 수 있었죠." 짐이 제게 미소 지으며 답했습니다. "처음 산 집은 세를 주고 더 좋은 집을 사서 전과 같은 방법으로 대출금을 빨리 갚았어요. 그렇게 해서 마침내 집 두 채가 온전히 우리 것이 되었죠. 한 채는 주거용으로 쓰고 다른 한 채는 세를 줘서 안정적인 이익을 거둘 수 있었습니다."

"멋진 계획이었군요."

짐이 힘차게 고개를 끄덕였죠. "부모님의 교훈 중에는 절대 빚을 내서 뭔가를 사지 말라는 것도 있었어요. 그분들이 저희에게도 전해주셨고, 이제는 우리가 우리 아이들에게도 가르치고 있는 그 엄격한 원칙은 '아무리 갖고 싶은 것이라고 해도 감당할 만한 현금이 없다면 절대 사지 않는다'는 겁니다. 집을 사는 건 유일한 예외지만, 이 경우에도 대출금을 최대한 빨리 갚아야 해요. 그리 쉬운 일은 아니지만 지켜야 하는 원칙이지요."

"맞아요." 수가 맞장구를 치며 말했습니다. "그래서 짐도 자신이 원하는 보트를 사기 위해 5년간 돈을 모아야 했어요."

"그것도 중고를 말이죠." 다시 짐이 말을 이었습니다. "하지만 그건 상관없었어요. 누군가 다른 사람이 제값을 다 주고 보트를 산 덕을 제가 누린 거니 충분히 만족스러웠지요. 우리는 이제껏 차를 살 때도 그렇게 했어요. 항상 중고를 샀지만 후회한 적은 없습니다. 믿을 만한 정비사에게 차를 점검하게 하고 잘 관리만 하면 잘만 굴러가니까요."

"중요한 건, 현금이 부족하면 절대 사지 않는다는 거예요." 수가 말했죠. "결혼한 이후 우리는 한 번도 카드 연체를 해 본 적이 없어요. 카드를 쓰면 그달에 바로 갚아버리죠. 이것 또한 부모님이 저희에게 알려준 비결이에요."

## 그들이 말하지 않은 한 가지

저는 이들 부부의 비결이 그토록 단순하다는 점에 놀랐습니다. 하지만 뭔가 석연치 않은 구석이 있었어요. 의자에 기대어 곰곰이 생각해 본 끝에 마침내 뭔가가 떠올랐습니다.

"두 분 말씀이 다 옳아요. 쓸데없는 소비는 줄이고, 대출금은 빨리 갚고, 자신에게 먼저 투자하고, 현금 사정에 맞춰 구매하고, 카드빚을 지지 않는다는 것, 모두 맞는 말이지요. 제가 가르치는 내용이기도 하고요. 하지만 이 모든 걸 해내려면 엄청난 의지력이 필요한 게 사실이잖아요. 정말로 저는 여러분께 경의를 표합니다. 모두가 선생님들처럼 강한 의지력을 가졌다면 참 좋겠지만, 안타깝게도 그렇지 못해요. 그게 여러분 같은 부자가 드문 이유겠죠."

다시금 짐과 수는 서로의 눈빛을 교환하며 미소를 짓고는, 짐이 수에게 '당신이 얘기해' 하는 듯한 고갯짓을 전했습니다.

## 의지력은 필요 없다!

"하지만 사실, 우리는 절대 의지력이 강한 사람들이 아니에요. 만약 부모님의 조언을 실천하는 데 의지력이 중요했다면, 아마 우리는 지금처럼 되지 못했을 거예요."

"아니, 아마 아무것도 해내지 못했을 겁니다." 짐이 말을 받았죠. "수는 그래도 자기를 잘 컨트롤하는 편이지만, 저는 완전히 젬병이거든요."

이렇게 되니 전 혼란스럽지 않을 수 없었습니다. "이해가 안 돼요. 의지력 없이 어떻게 그렇게 할 수 있다는 거죠? 온갖 광고와 대중매체, 심지어 정부조차도 선생님들 부모님의 말씀과는 완전히 정반대로 행동하라고 유혹하는 요즘 세상인데요. 그럼 과연 어떻게 그게 가능했단 말입니까? 그런 유혹에 맞서서 그 비결과 원칙을 대체 어떻게 지켜온 거죠?"

직업적인 호기심 때문에 그렇게 물은 게 아니었습니다. 앞서 얘기했듯이 당시 20대 중반이었던 저는, 돈을 아껴야 한다는 걸 알면서도 막상 실천하는 건 너무나 어렵다는 걸 몸소 체감하고 있었기 때문이죠. 제 다급함이 표정에 그대로 드러났던지, 두 부부는 웃음을 참지 못했습니다. 머쓱해진 저도 곧 따라 웃었지요.

결국 짐이 입을 열었습니다. "우리에겐 강사님보다 조금 더 어린 딸이 있어요. 그래서 20대에 돈을 모은다는 게 얼마나 어려운 일인지 충분히 이해해요. 하지만 우리의 재테크 방법이 가진 장점이 바로 의지력이 필요 없다는 겁니다."

저는 의심스러운 눈으로 그를 쳐다봤습니다.

"내 말을 선뜻 믿지 않는 것도 이해합니다. 당신처럼 돈에 대해 잘 아는 사람에게도 잘 보이지 않을 정도로 너무나 간단하고 명백한 거라서 그래요. 자, 이렇게 생각해 봅시다. 어떤 일을 해야만 한다는 걸 알고는 있지만, 그대로 행하지 못할까 봐 두려운 일이 있게 마련이죠. 이럴 경우 어떻게 해야 그 올바른 행동을 할 수 있을까요?"

저를 바라보는 짐의 눈빛에 저는 그저 어깨를 으쓱할 뿐이었습니다.

"말했듯이 아주 간단하고 명백한 겁니다. 그냥 손을 떼면 돼요. 다만 저절로 그 일이 이뤄지도록 만들어 두면 되는 거죠."

"아까 우리가 자신에게 먼저 투자하기로 했다는 말 기억나지요?" 수가 거들었습니다. "월급이 들어오면 자동으로 적금 계좌에 이체되도록 해놨어요. 여기서 중요한 건 그 과정이 모두 자동으로 이뤄진다는 사실이에요. 일단 그렇게 세팅해 놓으면, 두 번 신경 쓰지 않아도 되지요. 말 그대로 그냥 손을 떼도 되는 겁니다."

"그건 마치 제가 강의했던 체계적 저축이나 투자 프로그램과도 같군요. 단지 재테크 전반에 적용하셨다는 점만 다르고요."

"정확해요!" 짐이 외쳤습니다. "아예 신경 쓰지 않으면 잊어버릴 수도 없고, 마음을 바꾸거나 일부러 하지 않을 수조차 없는 거죠. 당신의 통제를 벗어나 버렸으니 잘못을 저지르려야 저지를 수 없는 겁니다."

## 우리는 자동 부자가 되기로 결심했다

다시 수가 말을 이었습니다. "우리 부모님은 그걸 자기로부터 자신을 지키는 법이라고 하셨어요. 의지력이 약하다고 걱정할 필요도 없어요. 다만 맨 처음에 부자가 되겠다고 굳게 마음을 먹기만 하면 끝이니까요. 월급에서 '자동이체'되게끔 해놓기만 하면 부자가 되기 위한 자동 시스템을 갖출 수 있는 거예요. 짐의 회사에 얘기해 월급 계좌에서 기업 퇴직연금 계좌로 바로 이체되도록 했고, 주택 대출금도 비슷한 방식으로 갚았어요. 은행들이 자동이체 프로그램을 도입하자마자 매달 계좌에서 대출 상환금이 저절로 빠져나가게 했지요. 또 수입 중 일정액을 뮤추얼펀드에 자동으로 입금되게 해 뒀고요. 심지어 헌금까지도 자동화했죠. 매년 자선단체에 조금씩 기부를 해왔던 걸 자동화하니 그것도 한결 수월해지더군요."

이제 짐이 얘기했습니다. "지금 말하는 돈이 대단한 액수였던 건 아니에요. 처음엔 한 달에 제 월급 계좌에서 빠져나가는 돈이 채 5만 원도 안 됐죠. 그러다가 점차 늘어난 겁니다."

저는 이제 총자산이 수십억 원으로 늘어난, 그들의 재무제표를 흘깃 쳐다봤습니다. "그렇군요. 정말 엄청난 일을 하셨어요."

그러자 수가 고개를 가로저으며 차분한 목소리로 말하더군요. "엄청난 일이 아녜요. 누구나 우리처럼 할 수 있는 일이지요. 단지 젊은 나이에 부자가 되겠다고 결심하고 그를 위한 자동화 시스템을 구축해서 실패할 수 없게 만들었을 뿐이죠. '저스트 두 잇'이라는 나이키 슬로건처럼, '일단 하자'는 게 저희 모토였어요. 재테크에서 필요한 건 오직 시스템을 자동화시키는 것뿐입니다."

짐도 고개를 끄덕였습니다. "처음 이 방식을 시작했을 땐 자동화 기술이 아직 초기 단계여서 친구들 대부분은 신뢰하지 못했죠. 하지만 지금은 너무나 쉬워져서, 모든 재정 관리를 자동화하는 데 그야말로 몇 분만 투자하면 됩니다. 우리 딸 루시도 30분이 채 안 걸렸어요. 이제 그 아이도 우리처럼 자동 부자가 되는 길에 들어선 거지요."

"그렇다고 우리 부부처럼 구식으로 살아야 한다는 건 아니고요." 수가 웃으며 말했습니다. "자식 자랑을 해서 미안하지만 우리 딸 루시는 멋진 아가씨죠. 제 아빠처럼 고물 시계를 차지는 않아요."

짐도 미소를 지었습니다. "그럼요. 루시는 아주 비싸진 않지만 나름 패셔너블한 스와치를 차고 다녀요."

수가 말을 이었어요. "돈을 모으면서도 인생을 즐기고 멋지게 사는 게 중요하죠. 부자가 되기 위해 인색해져야 하는 건 아니거든요. 우린 분명 그렇게 살진 않았어요. 지난 30년 동안 남들보다 더는 아니더라도 충분할 만큼 인생을 즐겼어요. 특히 매일 돈 걱정에 스트레스를 받을 일은 없었으니까요."

매킨타이어 부부는 처음 들어올 때와 마찬가지로, 미래에 대한 기대에 부푼 신혼부부처럼 손을 맞잡은 채 제 사무실을 떠났습니다. 한동안 저는 책상에 앉아 그들이 했던 말들을 곱씹었습니다.

그들 재테크의 핵심은 '성공할 수 있는 자신을 만들라'는 것이었습니다. 쉽게 부자가 될 수 있는 길을 놔두고 굳이 어려운 길을 갈 필요가 없다는 겁니다. 정말 옳은 말이었습니다. 무엇을 해야 할지 알고 그것을 '자동화'시키기만 한다면, 누구나 '자동 부자'가 될 수 있습니다.

이렇게 매킨타이어 부부와의 만남은 제 인생의 터닝포인트가 되었습니다. 재테크에서 지속적이고 긍정적인 변화를 이끌기 위한 첫 번째 단계가 무엇인지 깨닫게 해준 겁니다.

### 자동화하라!

그날 배운 바에 따라 저는 재정 관리에 관한 한 모든 것을 자동화했습니다. 그 결과는 어땠을까요? 물론 대성공이었죠. 이제는 저도 당당히 '자동 부자'가 되었노라고 얘기할 수 있을 정도로요.

## 이제 당신 차례다

의지력에 기대지 않고, 느리지만 꾸준하게 부를 축적한 매킨타이어 부부의 이야기는 여러분의 것이 될 수 있습니다. 그 구체적인 방법을 앞으로 알려 드리지요. 잠시 후면 여러분이 힘들여 번 돈을 다루기 위한 새로운 사고방식과 재테크 방법을 깨닫게 될 겁니다.

이제 여러분도, 자동 부자가 되는 길에 들어섰습니다.

제
2
장

라테 요인
−하루 몇천 원으로 부자 되는 법

1년에 20파운드를 벌어

19파운드 6펜스를 쓴 사람에게 남는 건 행복이다.

똑같이 1년에 20파운드를 벌었지만

20파운드 6펜스를 쓴 사람에게 남는 건 고통이다.

찰스 디킨스

## '얼마나 버느냐'보다 '어떻게 쓰느냐'가 중요하다!

자, 그럼 자동 부자가 되기 위해 무엇부터 시작해야 할까요?

지금 당신 머릿속에 떠오른 생각은 잘못일 가능성이 큽니다. 대부분의 사람들은 '최대한 빨리 수입을 늘릴 새로운 방법을 찾는 것'이 부자 되는 비결이라고 믿고 있어요. "더 많이 돈을 벌어야만 부자가 될 수 있어"라고요. 이런 말을 얼마나 많이 들어봤나요? 또 스스로 얼마나 자주 이렇게 얘기하나요? 하지만 틀렸습니다. 작년보다 수입이 올라간 사람을 붙잡고 저축도 늘었냐고 물어보세요. 거의 모든 사람들이 아니라고 답할 겁니다.

그 이유는 뭘까요? 대부분의 경우, 더 많이 벌수록 더 많이 쓰기 때문입니다.

매킨타이어 부부에게서 얻을 수 있는 교훈은 너무나 많지만, 그중 딱 하나만 고른다면 이것이어야 합니다. '얼마냐 버느냐는 부자 되는 것과 거의 상관이 없다.' 짐이 했던 말을 떠올려 봅시다. 연봉이나 투자로 얼마를 벌었는지에 대해 그는 한마디도 하지 않았어요. 그에 따르면, 남들보다 빨리 돈을 모을 수 있었던 비결은 단지 쓰지 않아도 될 일에 쓰지 않는 것뿐이었습니다.

사람들은 대부분 이 말을 믿지 못합니다. 왜일까요? 그 반대로 배웠기 때문이죠. 우리는 지금 월급의 마지막 한 푼까지 탈탈 털어 쓰는 것이 마치 무슨 애국이라도 되는 양 여겨지는 세상에서 살고 있습니다. 실제로 월급이 오르기도 전에 지출을 늘리곤 하죠. 이를 잘 알고 있는 장사꾼들은 연말 보너스를 노리고 매년 11월과 12월이면 광고를 내보냅니다. 심지어 정부도 여기에 한몫을 담당하지요. 정치인들이 경제를 살리기 위해선 세금을 줄여야 한다고 주장하는 이유는, 사람들이 주머니에 들어오는 돈을 당연히 소비할 거라고 믿기 때문입니다.

불행히도 이런 생각에는 문제가 있습니다. 이렇게 하루 벌어 하루 사는 식으로 버는 족족 써버린다면 그건 마치 이길 수 없는 경주를 계속하는 것이나 마찬가지입니다.

일한다 → 돈을 번다 → 돈을 쓴다 → 일한다 → 돈을 번다 → 돈을 쓴다 → 일한다…

결국은 '일한다'에서 벗어날 수 없는 겁니다. 대부분 이렇게 끝없이 챗바퀴를 돌리며 살고 있어요. 일주일에 40~50시간, 혹은 그 이상을 열심히 일하지만 월말이면 통장 잔액은 결국 텅 비어버리는 겁니다.

이렇게 부당한 악순환에 누구도 빠지고 싶지는 않겠지요. 이미 빠져버린 상태라면 얼른 벗어나고 싶을 테고요. 버는 대로 다 써버린다면(더 심하게는, 버는 것보다 많이 쓴다면), 스트레스와 공포, 불확실과 빚, 그리고 결국은 파산과 빈곤으로 이어지는 삶을 살게 되고 마는 것입니다.

## 더 많이 버는데 저축은 오히려 줄었다?

수년간 저는 주변에서 벌이는 늘었지만, 자유는 오히려 줄어든 사람들을 지켜봐 왔습니다. 한 친구는 각고의 노력 끝에 연봉이 5,000만 원에서 5억 원으로 늘었지요. 소득에 따라 생활수준은 높아졌지만, 저축은 그렇지 못하더군요. 멋진 옷과 좋은 차를 장만하고, 고급 식당에서 밥을 먹으며 쇼핑과 여행을 즐겼지만 그는 전혀 부유해지지 못했습니다. 오히려 10년 전보다도 더 스트레스를 받고 있어요. 골프 클럽 회원권, 가정부, 자녀들의 학비, 거액의 대출금 등과 함께 높아진 생활수준을 유지하기 위해 허덕이고 있기 때문입니다. 이 친구는 모두가 꿈꾸는 삶을 살고 있는 듯 보이지만, 사실은 자신보다도 훨씬 못 버는 사람들과 다를 바 없이 쳇바퀴를 돌리고 있을 뿐입니다.

여러분은 어떤가요? 아마 10년 전보다 수입은 늘었을 겁니다. 하지만 과연 그때보다 저축도 늘었나요? 단지 현상유지를 위해 더 힘들게 살고 있지는 않나요? 늘어난 수입만큼 더 자유로워질 수 있었나요?

# 왜 사람들은 저축하지 못하는가

대부분의 사람들은 살고 있는 집을 제외하면 딱히 '저축'이라고 할 만한 게 없습니다. 평균적으로는 은행 저축액이 3개월 치 지출액 미만인 경우가 대부분이죠.

그 이유는 간단합니다. 매킨타이어 부부의 부모가 얘기한 대로, 우리는 '사소한 것들'에 너무 많은 돈을 쓰고 있기 때문입니다. 하지만 따지고 보면 그건 결코 '사소한 것들'이 아니지요. 우리가 매일 돈을 낭비하는 사소한 것들이 차곡차곡 쌓이면 결국 우리의 자유를 위협하게 되니까요.

"빚을 지고, 또 빚을 지고… 이걸 갚기 위해선 일해야 해." 이런 식으로요.

이렇게 살아야 할 필요는 없습니다. 우리는 대부분 '어떻게 돈을 쓰는지'에 대해 별로 관심이 없습니다. 오직 큰 지출에만 집중할 뿐 현금이 줄줄 새어나가는 작은 일상적 지출은 무시하기 일쑤지요. 이런저런 '사소한 지출'에 필요한 돈을 벌기 위해 얼마나 많은 시간을 일해야 했는지 생각하지 않는 겁니다. 더 큰 문제는 그렇게 낭비되는 돈 중 일부만 투자하더라도 얼마나 큰 부富를 얻을 수 있는지 깨닫지 못한다는 점입니다.

하지만 제가 '라테 요인'이라고 부르는 것을 이해한다면 이런 상태에서 벗어날 수 있습니다. 매킨타이어 부부처럼 사소한 데 낭비되는 돈이 얼마인지 잘 알게 될 것이고, 그 돈을 저축하는 방법도 배우게 될 겁니다. 당신이 얼마를 버는지는 크게 중요하지 않습니다. 수입이 많든 적든, 라테 요인을 잘 이용하기만 하면 진정한 부와 궁극적인 자유를 누릴 수 있지요.

간단히 말하면, 라테 요인을 이용해 부자의 삶을 시작할 수 있다는 겁니다. 돈을 벌기 위해 일하는 것이 아니라 돈이 당신을 위해 일하는 삶 말입니다.

> *"당신이 아낀 라테만큼 돈이 쌓인다."*
> *_〈피플〉 매거진*

라테 요인이란 이제 전 세계적으로 사용되는 은유적 표현입니다. 별생각 없이 사소한 데 낭비해 버리는 돈을 의미하지요. 온갖 잡지와 신문, TV와 라디오에 등장하기도 했고, 덕분에 저는 오프라 윈프리와 바버라 월터스의 토크쇼, NBC, CNBC, CNN 등 방송에 출연해 라테 요인에 대해 설명한 적도 있습니다.

라테 요인이 정확히 무엇이며 당신의 인생에 어떤 영향력을 발휘하는지 세세히 따져보기 전에 한 가지 먼저 짚고 넘어가야 할 것이 있습니다. 자동 부자가 되기 위해서는, 당신이 얼마를 벌든 상관없이 지금 벌고 있는 돈으로 충분히 부자가 될 수 있다는 점을 받아들여야 한다는 겁니다. 이런 믿음의 중요성은 아무리 강조해도 지나치지 않다고 생각합니다. 머리뿐 아니라 가슴으로도 받아들여야 할 마음가짐입니다. 그때야말로 당신의 재정적인 인생을 진정 바꿔놓을 수 있는 '아하!'의 순간이 될 테니까요.

## 라테 요인이란 대체 무엇인가?

라테 요인이라는 용어는 10년 전 실제 제가 겪었던 일에서 비롯됐습니다. 저는 당시 4주 과정의 투자 강의를 하고 있었는데, 마지막 수업이 끝나기 15분 전 킴이라는 한 젊은 여성이 손을 들면서 제 말을 막았습니다.

"강사님, 말씀하시는 게 이론상으로는 좋은데 현실과는 전혀 맞지 않네요."

당연히 그 말이 제 귀에 좋게 들릴 리 없었지요. "그게 무슨 뜻이죠? 왜 그렇게 말하는 겁니까?"

"뭐, 사실 그래요. 강사님은 저축이란 게 아주 쉬운 것처럼 얘기하지만 현실에선 불가능한 일이라고요. 하루에 5,000원, 1만 원 아끼는 걸 대단치 않게 말씀하시는데, 저한테는 큰일이거든요. 사실은 불가능한 일이에요. 매달 근근이 먹고 사는데 하루에 1만 원이라고요? 전혀 현실적이지 못해요."

## 정말 불가능한 일일까

다른 사람들 거의 모두가 고개를 끄덕이며 그녀의 말에 동조했기에 저는 원래의 수업 계획 대신 킴의 질문에 답하기로 마음먹었습니다.

"킴, 당신처럼 느끼는 분들이 많은 듯한데, 우리 같이 한번 잘 따져봅시다. 그렇게 해줄래요?"

"그러죠."

"좋습니다." 저는 분필을 들고 칠판 앞에 섰습니다.

"일상적인 하루의 지출 내역을 살펴봅시다. 하루 일과 모두를 얘기해 주세요."

"음, 우선 출근을 하고 이메일에 답장을 보내고⋯."

"잠깐만요." 저는 킴의 말을 막았습니다. "출근 전에는 어떤가요? 커피로 하루를 시작하지 않나요?"

그러자 킴 옆에 앉은 여성이 그녀를 쳐다보고 고개를 절레절레 저으며 웃더군요. "모닝커피를 마시지 않는 킴은 상상할 수 없어요."

킴은 친구를 쿡 찌르고는 저를 보며 말했습니다. "맞아요. 출근 전에 커피를 마셔요."

"그렇군요. 그럼 커피를 집에서 타 먹나요, 아니면 사무실에서 공짜로 마시나요?"

킴은 매일 아침 스타벅스에 들러 커피를 마신다고 답했습니다. 옆에 앉은 친구와 함께 말이죠. 아침의 스타벅스 커피는 자신에게 주는 특별한 선물이라면서요.

"좋아요. 자, 그럼 아메리카노를 마시나요?"

"아뇨. 전 항상 무지방 더블 라테를 마셔요."

전 고개를 끄덕이며 물었죠. "궁금하군요. 그 무지방 더블 라테는 가격이 얼마인가요?"

"4,500원이요."

"그리고요? 라테 말고 다른 건 안 드시나요? 혹시 베이글 같은 건요?"

"전 머핀을 먹어요."

"그렇군요. 그럼 머핀은 가격이?"

"2,500원이요." 킴의 친구가 대신 답했습니다. "저도 같은 걸 먹거든요!"

강의실이 웃음으로 들썩였습니다. 웃음소리가 가라앉을 때쯤 앞줄에 앉은 한 남성이 뒤돌아보며 물었죠. "대체 뭐가 들었기에 머핀이 2,500원이나 합니까?"

"그게, 무지방 머핀이거든요."

킴의 대답이 다시금 모두 웃게 했습니다. 심지어 킴 본인마저도.

저는 칠판에 아래와 같이 적었죠.

| | |
|---|---|
| 무지방 더블 라테 | 4,500원 |
| 무지방 머핀 | 2,500원 |
| **합계** | **7,000원** |

"재미있군요." 저는 킴을 보며 말했죠. "아직 출근도 안 했는데 이미 7,000원을 썼군요. 좋아요, 계속해 봅시다."

킴의 얼굴은 약간 상기돼 보였습니다. "저기, 다들 그 정도는 쓰지 않나요? 뭐 엄청난 돈도 아닌데 뭐가 어때서요. 열심히 일하는데 커피 한 잔 정도 마실 수 있잖아요?"

전 항복의 제스처를 취하며 말했죠. "물론 별일 아니죠, 킴. 그냥 계속해 봅시다, 괜찮겠죠? 커피 외에 다른 데 또 어디에 돈을 쓰나요?"

킴은 저를 잠시 바라보다가 이내 다시 입을 열었습니다. "음, 오전 10시에 회사 동료들 몇몇이랑 쉬면서 주스를 마셔요."

"아, 그래요? 그럼 주스는 얼마나 합니까?"

"그게 3,950원이요."

이번에도 킴의 친구가 거들었습니다. "얘, 주스에다 뭐 타 먹는 것도 있잖아, 머리 좋아진다는 그거."

"은행잎 추출물이야. 뇌에 산소 공급을 원활하게 해준다고." 킴이 친구에게 쏘아붙였죠.

"그렇군요. 지금 킴의 뇌에는 산소가 충분하겠네요. 그 은행잎 추출물을 추가하면 얼마가 더 드나요?"

"500원이면 돼요." 킴이 여전히 친구를 노려보며 말했습니다.

"또 다른 것도 드시나요?"

"네, 10시쯤 되면 허기가 지니까요. 아침부터 먹은 거라곤 무지방 머핀뿐이었잖아요."

"그럼 뭘 드시죠?"

"1,750원짜리 칼로리바를 먹어요." 킴은 해볼 테면 해보란 태도로 팔짱을 낀 채 저를 쳐다보며 말했습니다. "이제 됐나요?"

저는 고개를 끄덕이고는 칠판을 향해 돌아섰습니다.

| | |
|---|---|
| 무지방 더블 라테 | 4,500원 |
| 무지방 머핀 | 2,500원 |
| 주스 | 3,950원 |
| 주스 첨가제 | 500원 |
| 칼로리바 | 1,750원 |
| **합계** | **13,200원** |

이렇게 적고 난 뒤 그녀에게 말했죠. "킴, 아직 점심도 먹기 전인데 이미 1만 원 넘는 돈을 썼군요. 그리고 솔직히 얘기해서, 이렇게 먹어서 간에 기별이나 갔겠어요?"

교실에 폭소가 터졌습니다. 킴과 친구도 함께 웃었죠.

전 웃음을 잦아들기를 기다렸다가 다시 말했습니다. "킴, 당신 일과의 나머지를 굳이 여기서 더 살펴볼 필요는 없을 것 같군요. 그건 나중에 직접 해보셔도 됩니다. 이렇게 짚어본 이유는 당신이 돈을 쓰는 방식을 놀리려는 게 아니에요. 다른 분들이 웃었던 이유는 자기 자신도 마찬가지라는 사실을 이미 알고 있기 때문이지요. 선뜻 인정하지는 않지만 우리 모두 매일 이렇게 푼돈이라고 생각되는 돈을 쓰면서 그게 어떻게 누적되는지는 신경 쓰지 않아요. 하지만 이제부터 제가 보여드리는 것에 분명 놀라실 겁니다."

그러고 나서 계산기를 집어 들었죠. "예를 들어서, 바로 오늘부터 돈을 모으기로 했다고 칩시다. 지출을 팍 줄이라는 얘기는 아닙니다. 그저 약간만 아껴보자는 거죠. 음, 하루에 5,000원이면 어떨까요? 그만큼은 아낄 수 있을까요? 하루 딱 5,000원씩이요, 괜찮겠습니까?"

킴이 고개를 끄덕였습니다.

"자 그럼… 나이가 어떻게 되시죠?"

"23살이요."

"좋아요, 퇴직연금에 매일 5,000원씩 넣는다고 해보죠. 그럼 한 달이면 15만 원이고, 1년이면 대략 200만 원쯤 되네요. 지난 50년간 평균 주가 상승률인 10%를 연 수익률로 잡고, 65살이면 퇴직연금이 얼마가 돼 있을까요?"

킴은 어깨를 으쓱했지요. "글쎄요, 1억 원?"

저는 고개를 가로저었지요.

"그럼… 2억 원이요?"

"다시 계산해 보세요."

"5억 원인가요?"

"대략 12억 원입니다."

킴이 놀란 눈으로 저를 쳐다봤습니다.

"그것도 낮춰 잡은 액수요. 전에 들은 바로는, 지금 다니는 회사에서 퇴직연금 제도를 운용하고 있지요?"

그녀가 고개를 끄덕였습니다.

"좋습니다. 그러면 당신이 납부한 금액의 절반만큼 회사가 추가로 납부하니까 실질적인 연간 납부액은 300만 원이 되겠군요. 그 금액으로 다시 65세에 받을 수 있는 퇴직연금을 계산해 보면… 대략 17억 4,236만 원이네요!"

이 말을 들은 순간, 킴의 머릿속에선 아마 번쩍하고 스치는 게 있었을 겁니다. 이내 멍한 표정으로 그녀가 말했죠. "저… 그럼 제가 아침에 마시는 라테 한 잔 때문에 거의 20억 원이나 되는 돈을 버리고 있다는 말씀이신 거예요?"

그러자 교실 안의 거의 모든 사람들이, 심지어 킴의 친구조차도 그녀를 바라보며 이구동성으로 답했죠. "그래요!"

'라테 요인'란 용어는 이렇게 생겨나게 된 겁니다.

## 하루 커피 한 잔 대신 얻을 수 있는 것들

한바탕 소란이 가라앉자 뒷줄에 앉아 있던 남성이 손을 들고 말했습니다.

"하지만 데이비드, 저는 커피를 안 마셔요. 킴처럼 라테 따위에 돈을 낭비하지 않는다고요. 그건 철없는 짓이지요."

전 고개를 끄덕였습니다. 그런 반응이 충분히 이해는 갔지만 그는 핵심을 놓치고 있었어요. 그래서 그뿐 아니라 교실 전체를 향해 얘기했죠. "여러분, 지금 얘기하는 건 단지 라테에 대한 게 아니에요. 제가 스타벅스에 무슨 감정이 있지도 않고요. 사실은 저도 가끔 가거든요. 제가 얘기하고 싶은 건 우리가 사소한 데 돈을 쓰고 있다는 걸 미처 인식하지도 못한다는 점, 그리고 우리가 좀 더 신경 쓰면서 약간만 습관을 바꾼다면 우리의 운명조차도 바꿀 수 있다는 겁니다."

그러자 또 다른 사람이 질문했습니다. "하지만 투자 수익률이 당신 예상과 달리 10%가 안 되면 어쩌지요?"

"그래도 상관없습니다. 수익률이 6%라고 해보죠. 그래도 여전히 수억 원을 모을 수 있습니다." 전 재빨리 계산기를 두드려 보았습니다. "킴의 경우라면 연 수익률 6%일 때 총액이 5억 5,952만 3,000원이 될 겁니다. 여기서 중요한 건 아무리 적은 돈을 저축하더라도 당신이 부자가 될 수 있다는 거예요. 그리고 빨리 시작할수록 더 큰 부자가 될 수 있다는 겁니다."

이때 원래 수업이 끝나는 시간이 지났지만, 사람들은 여전히 둘러서서 얘기를 나누고 있었습니다. 지난 4주간의 과정 중에서도 킴이 자신의 모닝 라테에 들인 비용의 미래 효과에 관한 이야기가 그들의 가슴을 찌른 게 분명해 보였죠. 수강생들은 각자 차를 향해 발걸음을 옮기면서도 여전히 자신들의 개인적인 라테 요인이 무엇일지에 대해 토론했으니까요. 그러고 나서 전 그에 대해 다시 다뤄야겠다고 마음먹었습니다.

그래서 다음 주에 시작하는 새로운 강좌를 준비하면서 라테 요인의 힘을 보여주는 표를 하나 만들었어요. 그렇게 만들어진 다음의 표를 지금까지도 활용하고 있습니다.

| 하루 라테 한 잔이 당신의 은퇴를 방해하고 있다 | | |
|---|---|---|
| 하루 라테 한 잔 | = | 4,500원 |
| 라테 한 잔의 한 달 총계 | = | 135,000원 |
| 라테 한 잔의 1년 총계 | = | 1,620,000원 |
| 라테 한 잔의 10년 총계 | = | 16,200,000원 |

그렇다면 커피 외에 사람들이 돈을 낭비하는 대상은 또 뭐가 있을까요?

담배는 어떻습니까? 단지 건강에만 해악을 끼치는 게 아니라 재정에도 위험요소입니다. 제가 살고 있는 뉴욕시는 담배에 무거운 세금을 매겨서 한 갑에 7,000원이나 하지만, 여전히 수십만 명이 매일 담배를 피우고 있습니다.

| 하루 담배 한 갑은 더 심각한 은퇴 방해물이다 | | |
|---|---|---|
| 하루 담배 한 갑 | = | 7,000원 |
| 담배 한 갑의 한 달 총계 | = | 210,000원 |
| 담배 한 갑의 1년 총계 | = | 2,520,000원 |
| 담배 한 갑의 10년 총계 | = | 25,200,000원 |

이런 식의 예를 얼마든지 들 수 있지만, 커피와 담배만으로도 충분할 겁니다. 다시 말하지만 커피나 담배를 제가 특별히 싫어하는 게 아닙니다. 단지 숫자로 보여주기 위한 예일 뿐이지요. 위의 표에 드러난 수학을 보면 알 수 있습니다. 사실 수학이라고 하기에 민망한 아주 간단한 계산입니다.

여기서 핵심은, 당신이 혹시 커피, 생수, 담배, 음료, 과자, 패스트푸드 등의 기호품에 돈을 낭비하는지 여부입니다. 물론 아침에 커피 한 잔이 주는 소소한 즐거움을 부정하는 건 아닙니다. 담배 한 개비의 후련함을 모르는 것도 아니고요. 다만 여기서 커피나 담배 등을 예로 든 것은 그만큼 사소한 지출에 힘들게 번 돈을 쏟는 일의 위험성을 지적하기 위함입니다.

어쨌든 우리는 일종의 라테 요인을 다 가지고 있습니다. 힘들게 번 돈을, 누적된 결과가 얼마나 될지 깨닫지도 못한 채로, 이렇게 '사소한' 지출에 쏟고 있는 겁니다. 자신의 라테 요인에 대해 빨리 파악할수록, 즉 불필요한 지출에 대해 빨리 인식할수록 더 빨리 그 지출을 막기 시작할 수 있습니다. 그렇게 더 많은 돈을 아낄 수 있고 그만큼의 부를 미래를 위해 쌓을 수 있게 되는 것이지요.

다음 표를 한번 봅시다.

## 라테 요인의 힘

5,000원×7일=주당 3만 5,000원=매월 약 15만 원

매월 15만 원을 연 수익률 10% 상품에 투자할 경우(1,000원 미만 반올림) :

| | | |
|---|---|---|
| 1년 | = | 1,885,000원 |
| 2년 | = | 3,967,000원 |
| 5년 | = | 11,616,000원 |
| 10년 | = | 30,727,000원 |
| 15년 | = | 62,171,000원 |
| 30년 | = | 339,073,000원 |
| 40년 | = | 948,611,000원 |

정말 훌륭하지 않나요? 이제 여기서 한 단계 더 나아가 하루에 안 써도 되는 일에 낭비하는 돈이 1만 원이라고 가정해 봅시다. 그러면 대체 얼마의 돈에 해당될까요?

하루에 1만 원, 즉 한 달에 30만 원씩 연 수익률 10% 상품에 투자할 경우 :

| | | |
|---|---|---|
| 1년 | = | 3,770,000원 |
| 2년 | = | 7,934,000원 |
| 5년 | = | 23,231,000원 |
| 10년 | = | 61,453,000원 |
| 15년 | = | 124,341,000원 |
| 30년 | = | 678,146,000원 |
| 40년 | = | 1,897,224,000원 |

마지막으로 한 번 더 해 봅시다. 둘이 함께 사는 커플이 각자 하루에 1만 원씩 모으기로 한 경우라면?

하루에 2만 원, 즉 한 달에 60만 원씩 연 수익률 10% 상품에 투자할 경우 :

| | | |
|---|---|---:|
| 1년 | = | 7,539,000원 |
| 2년 | = | 15,868,000원 |
| 5년 | = | 46,462,000원 |
| 10년 | = | 122,907,000원 |
| 15년 | = | 248,682,000원 |
| 30년 | = | 1,356,293,000원 |
| 40년 | = | 3,794,448,000원 |

이제 이 숫자들을 잘 들여다보세요. 말 그대로 숫자들을 하나하나 뜯어보면서 생각해 봅시다. "하루에 내가 쓰는 돈에서 5,000원이나 1만 원 정도 아끼는 게 가능할까?"

이 질문에 대한 자신의 답이 "예!"일 거라고 저는 생각합니다. 여기서 말하는 금액은 현재 당신이 받는 급여 중 한 시간 치 정도에 불과하다는 점을 기억하세요. 평균적으로 한 사람이 직장에서 일하는 총 시간이 대략 9만 시간인데, 자신을 위해 그중 한 시간을 투자하지 못할 이유가 있습니까? 백번 양보한다고 해도, 충분히 고려해 볼 만한 일이지 않나요?

# 거짓 없는 보상의 힘

체계적인 저축과 투자 계획대로 실천하기만 하면 누구나 부자가 될 수 있습니다. 특별히 의지력이 강하지 않다고 해도 걱정할 필요 없습니다. 앞으로 이 책을 통해 제가 매킨타이어 부부처럼 당신의 계획을 '자동화'하는 방법을 가르쳐 드릴 테니까요. 우선 여기서는, 특별히 돈이 많거나 돈을 잘 벌지 않아도 괜찮다는 점을 말씀드리고 싶군요. 다만 부자가 되기로 결심하기만 하면 됩니다. 스스로 "나도 부자가 될 자격이 있어. 다른 사람들도 할 수 있는데 내가 못 할 이유가 뭐지? 지금 당장 시작하지 않을 이유가 없잖아?"라고 말해 보세요.

그런데 이쯤에서, '맞아, 하지만…'이라는 생각이 들 수 있습니다. 이 '맞아, 하지만…'은 사람들이 자신의 현재 위치를 합리화하려 들 때마다 갖는 생각이죠. 그리고 우습고도 슬프게도, 많은 사람들이 자신의 상황을 개선하려고 노력하는 도중 정답을 바로 옆에 두고도 이 '맞아, 하지만…'이라는 생각에 가로막히곤 합니다.

자신이 이런 유형의 사람인지 어떻게 알 수 있을까요? 지금 아래와 같은 생각이 든다면, 당신 또한 그중 한 명인 겁니다.

"맞아, 하지만 10% 수익률을 내는 건 불가능할 거야."

아닙니다. 뒷부분에서 제가 그 비결을 알려 드리겠습니다.

"맞아, 하지만 물가가 계속 오르니 30년 후에는 10억 원도 큰 돈이 아닐지 몰라."

아닙니다. 시간이 지나도 생각하는 것처럼 10억 원의 가치는 그렇게 떨어지지 않을 겁니다. 더구나 지금부터 돈을 모으지 않는다면 30년 후에 당신에게는 아무것도 남아 있지 않겠네요.

"맞아, 하지만 푼돈을 모아봤자 투자할 데가 마땅치 않아. 투자하려면 큰돈이 필요해."

아닙니다. 이제는 하루 1,000원으로도 충분히 자동적인 투자 계획을 세울 수 있습니다.

"맞아, 하지만 나는 정말 한 푼도 낭비하지 않고 있으니 더 아낄 것도 없어."

오, 정말 진심인가요. 부디 가볍게 머리를 한 대 치고 계속 읽어주시길. 지금 그 말은 절대 사실이 아니니까요.

## 그때 알았더라면 더 좋았을 것

이제 도표를 하나 더 본 다음 라테 요인을 활용하는 방법에 대해 살펴보기로 합시다. 이 도표는 이제껏 제가 본 것 중에서 저축하게끔 만드는 데 가장 강력한 효과를 발휘하는 도구라고 할 수 있습니다. "고등학생 때 누군가 내게 이걸 보여줬더라면 얼마나 좋았을까!"라는 생각을 할 정도로 말이지요. 만약 주변에 아끼는 젊은이가 있다면 꼭 보여주기 바랍니다. 그 사람의 인생을 바꿀 수도 있을 테니까요.

| 돈의 시간 가치 - 지금 당장 투자를 시작해야 할 이유(1,000원 이하 절사) | | | | | | |
|---|---|---|---|---|---|---|
| 빌리(15살부터 투자 시작)<br>(연 수익률 10%) | | | 수전(19살부터 투자 시작)<br>(연 수익률 10%) | | 킴(27살부터 투자 시작)<br>(연 수익률 10%) | |
| 나이 | 투자액(원) | 총액(원) | 투자액(원) | 총액(원) | 투자액(원) | 총액(원) |
| 15 | 3,000,000 | 3,300,000 | | | | |
| 16 | 3,000,000 | 6,930,000 | | | | |
| 17 | 3,000,000 | 10,923,000 | | | | |
| 18 | 3,000,000 | 15,315,300 | | | | |
| 19 | 3,000,000 | 20,146,830 | 3,000,000 | 3,300,000 | | |
| 20 | | 22,161,513 | 3,000,000 | 6,930,000 | | |
| 21 | | 24,377,664 | 3,000,000 | 10,923,000 | | |
| 22 | | 26,815,431 | 3,000,000 | 15,315,300 | | |
| 23 | | 29,496,974 | 3,000,000 | 20,146,830 | | |
| 24 | | 32,446,671 | 3,000,000 | 25,461,513 | | |
| 25 | | 35,691,338 | 3,000,000 | 31,307,664 | | |
| 26 | | 39,260,472 | 3,000,000 | 37,738,431 | | |
| 27 | | 43,186,519 | | 41,512,274 | 3,000,000 | 3,300,000 |
| 28 | | 47,505,171 | | 45,663,501 | 3,000,000 | 6,930,000 |
| 29 | | 52,255,688 | | 50,229,851 | 3,000,000 | 10,923,000 |
| 30 | | 57,481,257 | | 55,252,836 | 3,000,000 | 15,315,300 |
| 31 | | 63,229,383 | | 60,778,120 | 3,000,000 | 20,146,830 |
| 32 | | 69,552,321 | | 66,855,932 | 3,000,000 | 25,461,513 |
| 33 | | 76,507,553 | | 73,541,525 | 3,000,000 | 31,307,664 |
| 34 | | 84,158,309 | | 80,895,678 | 3,000,000 | 37,738,431 |
| 35 | | 92,574,140 | | 88,985,246 | 3,000,000 | 44,812,274 |
| 36 | | 101,831,554 | | 97,883,770 | 3,000,000 | 52,593,501 |
| 37 | | 112,014,709 | | 107,672,147 | 3,000,000 | 61,152,851 |
| 38 | | 123,216,180 | | 118,439,362 | 3,000,000 | 70,568,136 |
| 39 | | 135,537,798 | | 130,283,298 | 3,000,000 | 80,924,950 |
| 40 | | 135,537,798 | | 143,311,628 | 3,000,000 | 92,317,445 |

| 빌리(15살부터 투자 시작) (연 수익률 10%) | | | 수전(19살부터 투자 시작) (연 수익률 10%) | | 킴(27살부터 투자 시작) (연 수익률 10%) | |
|---|---|---|---|---|---|---|
| 나이 | 투자액(원) | 총액(원) | 투자액(원) | 총액(원) | 투자액(원) | 총액(원) |
| 41 | | 164,000,735 | | 157,642,791 | 3,000,000 | 104,849,190 |
| 42 | | 180,400,809 | | 173,407,070 | 3,000,000 | 118,634,109 |
| 43 | | 198,440,890 | | 190,747,777 | 3,000,000 | 133,797,519 |
| 44 | | 218,284,979 | | 209,822,554 | 3,000,000 | 150,477,271 |
| 45 | | 240,113,477 | | 230,804,810 | 3,000,000 | 168,824,998 |
| 46 | | 264,124,824 | | 253,885,291 | 3,000,000 | 189,007,498 |
| 47 | | 290,537,307 | | 279,273,820 | 3,000,000 | 211,208,248 |
| 48 | | 319,591,037 | | 307,201,202 | 3,000,000 | 235,629,073 |
| 49 | | 351,550,141 | | 337,921,322 | 3,000,000 | 262,491,980 |
| 50 | | 386,705,155 | | 371,713,454 | 3,000,000 | 292,041,178 |
| 51 | | 425,375,671 | | 408,884,800 | 3,000,000 | 324,545,296 |
| 52 | | 467,913,238 | | 449,773,280 | 3,000,000 | 360,299,826 |
| 53 | | 514,704,562 | | 494,750,608 | 3,000,000 | 399,629,808 |
| 54 | | 566,175,018 | | 544,225,668 | 3,000,000 | 442,892,789 |
| 55 | | 622,792,520 | | 598,648,235 | 3,000,000 | 490,482,068 |
| 56 | | 685,071,771 | | 658,513,059 | 3,000,000 | 542,830,275 |
| 57 | | 753,578,949 | | 724,364,365 | 3,000,000 | 600,413,302 |
| 58 | | 828,936,844 | | 796,800,801 | 3,000,000 | 663,754,633 |
| 59 | | 911,830,528 | | 876,480,881 | 3,000,000 | 733,430,096 |
| 60 | | 1,003,013,581 | | 964,128,969 | 3,000,000 | 810,073,105 |
| 61 | | 1,103,314,939 | | 1,060,541,866 | 3,000,000 | 894,380,416 |
| 62 | | 1,213,646,433 | | 1,166,596,053 | 3,000,000 | 987,118,458 |
| 63 | | 1,335,011,076 | | 1,283,255,658 | 3,000,000 | 1,089,130,303 |
| 64 | | 1,468,512,183 | | 1,411,581,224 | 3,000,000 | 1,201,343,334 |
| 65 | | 1,615,363,402 | | 1,552,739,347 | 3,000,000 | 1,324,777,667 |
| 빌리의 총 투자액=1,500만 원 빌리의 투자 이익= 16억 36만 3,402원 | | | 수전의 총 투자액=2,400만 원 수전의 투자 이익= 15억 2,873만 9,347원 | | 킴의 총 투자액=1억 1,700만 원 킴의 투자 이익= 12억 777만 7,000원 | |

※투자 상품의 수익률에 따라 투자 이익과 총액은 달라질 수 있습니다. 빌리는 킴보다 1억 200만 원을 더 적게 투자했지만 총액은 2억 9,058만 5,735원이나 더 많지요! 이것이 하루라도 빨리 투자를 서둘러야 할 이유입니다!

이 도표는 퇴직연금에 매년 300만 원씩 납부했을 경우 복리가 어떤 마법을 부리는지 보여주고 있습니다. 퇴직연금에 대해서는 이후에 설명드릴 테니 여기서는 그냥 숫자에만 집중해 주세요. 특히 별것 아닌 듯 보이는 돈이 마지막에는 얼마나 대단한 거금으로 바뀌는지 말입니다. 이 도표를 제 세미나에서 보여줄 때면 사람들은 한숨을 쉬며 "이걸 좀 더 일찍 알았더라면!"이라고 말하곤 하죠.

자, 여러분도 이제 알게 됐습니다. 복리의 마법이야말로 자동 부자들이 돈을 모으는 데 사용하는 가장 강력한 도구인 겁니다.

## 라테 요인을 찾아라

라테 요인을 찾을 때는 어림짐작할 수도 있고 실제 지출 내역을 적어보면서 확실히 파악할 수도 있습니다. 둘 다 가능하지만 정확한 내역을 파악하는 것이 아무래도 더 낫지요.

자신의 라테 요인이 무엇인지 찾기 위해서 다음 쪽의 라테 요인 찾기 양식에 하루 동안의 지출 내역을 써넣어 보기 바랍니다. 매일 가는 곳마다 이 책을 들고 다니면서 돈을 쓸 때마다 기록하는 겁니다.

## 나의 라테 요인 찾기

날짜 : _____

| | 지출 내역 | 지출액 | 낭비였을까?<br>(그렇다고 생각하면 체크) |
|---|---|---|---|
| 1 | | | |
| 2 | | | |
| 3 | | | |
| 4 | | | |
| 5 | | | |
| 6 | | | |
| 7 | | | |
| 8 | | | |
| 9 | | | |
| 10 | | | |
| 11 | | | |
| 12 | | | |
| 13 | | | |
| 14 | | | |
| 15 | | | |

나의 라테 요인 총액(체크한 지출액 합계) = _____ 원

| 라테 요인을 계산해 보면? | | |
|---|---|---|
| 하루 | = _____ | 원 |
| 한 달(하루×30) | = _____ | 원 |
| 1년(하루×365) | = _____ | 원 |
| 10년(하루×3,650) | = _____ | 원 |
| **라테 요인을 만약 투자에 활용한다면!** | | |
| 10년 후 | = _____ | 원 |
| 20년 후 | = _____ | 원 |
| 30년 후 | = _____ | 원 |
| 40년 후 | = _____ | 원 |

※제 홈페이지(https://davidbach.com/latte-factor/)에 방문하면 라테 요인 계산기(The Latter Factor Calculator)를 통해 자신의 라테 요인 미래 가치를 확인해 볼 수 있습니다!

지금 당장은 이것이 별일 아닌 듯 보일 수 있지만, 수강생, 독자, 고객들과의 오랜 경험을 통해 제가 단언하건대 이 간단한 연습이 인생을 바꿀 수 있습니다. 하루 동안 자신이 실제 어디에 얼마나 돈을 쓰는지 명확히 알기만 해도 놀라운 효과를 발휘하는 겁니다. 냉정하고 분명하게 쓰인 숫자를 보는 순간, 그러지 않았다면 발생하지 않았을 자극이 주어지는 것이죠.

게다가 이 사소한 활동을 통해 일종의 즐거움까지 보너스로 얻을 수 있을 겁니다. 라테 요인을 작성하고 있는 당신에게 사람들이 "대체 뭐 하는 거야?" 하고 물으면 "내 라테 요인을 찾고 있어"라고 대답하세요. 그 대화를 통해 그 사람도 자동 부자가 되도록 도울 수 있을지도 모릅니다. 그러니 절대 사소한 일이 아닌 거죠! 혼자만 부자가 되는 것보다 친구들과 함께 부자가 될 수 있다면 훨씬 더 즐거운 일일 테니까요.

## 자동으로 라테 요인을 찾는 법

저는 라테 요인을 찾는 방법으로 앞서 보여드린 양식대로 종이에 직접 지출 내역을 작성해 보길 권합니다. 제가 아는 한 그것이 가장 빨리 시작할 수 있는 방법이기 때문이지요. 그렇긴 하지만 세상이 편하게 바뀐 만큼, 장기적으로 자신의 지출 내역을 점검하는 데는 현대 기술을 써보는 것도 좋습니다. 자신의 지출 내역을 즉각적으로 점검할 수 있는 기능을 갖춘 웹사이트들이 많이 있답니다. 이중 제가 가장 좋아하는 것은 민트닷컴(Mint.com)으로, 아주 쉽게 자신의 지출 내역을 확인하고 기록할 수 있습니다. 사용하기 수월해서 저를 포함해 이미 수백만 명의 사람들이 이 웹사이트를 이용하고 있지요.

그 외에도 에이콘스(Acorns.com)라는 곳도 한번 살펴보길 권합니다(acorn은 '도토리'라는 뜻 - 옮긴이). 이 멋진 사이트와 어플리케이션은 당신이 뭔가를 구입할 때마다 자동적으로 돈을 저축할 수 있게 설계돼 있습니다. 당신이 소비한 총금액을 계산한 후 잔돈을 당신이 미리 선택한 펀드에 자동으로 투자해 주는 방식입니다. 그동안 제게 라테 요인을 자동으로 저축할 수 있는 방법을 물어보는 경우가 많았는데 에이콘스가 그에 대한 답이 될 수 있을 것 같군요. 이 회사는 18개월도 안 되는 기간에 70만 명이 넘는 가입자를 모았고, 가입자들의 한 달 평균 저축액은 약 5만 원이라고 합니다. (국내에도 소비 습관을 점검하고 소액으로 적금 및 P2P 투자가 가능한 앱, 핀크$^{Finnq}$가 있습니다.) 여기서도 부자가 되는 데 꼭 엄청난 돈을 갖고 시작해야 할 필요가 없다는 점을 다시 한번 확인할 수 있습니다.

## 자주 묻는 질문에 대한 대답

더 살펴보기 전에 라테 요인 찾기에 관해 제가 흔히 듣곤 하는 질문들 몇 가지에 대해 답하고자 합니다.

가장 자주 듣는 질문 중 하나는, 농담이 아니라, "데이비드, 현금으로 지급하는 돈도 지출 내역에 포함해야 하나요?"입니다.

당연히 답은 "네"이지요.

"신용카드나 수표로 지급하는 것도요?"

그럼요!

"도로통행료는요?"

그럼요! 그럼요! 그럼요!

당신이 쓰는 모든 내역을 다 기록하세요. 여기서 '모든'이란 말은 말 그대로 '모두'를 말하는 겁니다!

## "아니, 그건 너무 바보 같은 짓이잖아요?"

몇 년 전 저는 한 라디오 프로그램에 출연해서 라테 요인 찾기에 대해 설명한 적이 있었습니다. 그때 라디오 진행자가 제게 말하길 이제껏 들어본 중 가장 멍청한 아이디어라고 하더군요. 정확하게는 이렇게 말했습니다. "아니, 그건 너무 바보 같은 짓이잖아요?"

청취자 수가 상당히 많은 유명 라디오 프로그램이었기에 저는 그런 표현에 좀 당혹스러웠어요. "글쎄요, 대체 어느 부분이 바보 같다는 거죠?"

그랬더니 진행자는 정말 코웃음을 치며 말하더군요. "데이비드, 귀여운 구석이 있는 생각이지만 좀 현실적으로 생각해 봐요. 일주일 동안 지출 내역을 기록하라고요? 라테 요인을 따져야 한다고요? 이봐요, 우리 청취자들은 진지하고 실질적인 해결책이 필요해요. 그런 바보 같은 수법은 안 통한다고요."

저는 슬슬 부아가 치밀어 올랐죠. "현실적인 방법을 원해요? 좋습니다. 이건 어떤가요? 이 바보 같은 아이디어대로 당신이 실제로 한번 해보는 겁니다. 일주일간 자신의 지출 내역을 기록해 보시고 그다음에 저를 다시 불러주세요. 그때도 여전히 이 방법을 바보 같다고 생각하는지 들어봅시다. 제대로 한다면 그게 당신 인생을 바꾼다는 데 제가 10만 원을 걸지요."

진행자는 히죽 웃으며 답했습니다. "그 내기 받아들이죠."

하지만 일주일이 지나도 그에게선 연락이 없었습니다. 그래서 제가 전화를 걸었더니, 이 진행자는 제 목소리를 듣고 좀 놀란 눈치였지만 우리가 걸었던 내기를 잊지는 않고 있었습니다. 그러고는 자신이 라테 요인 찾기를 해봤다고 멋쩍게 인정하더군요. 그 때문에 속을 좀 썩였다면서요. 자신의 청취자에겐 진지한 투자법이 필요하다고 잘난 체하던 이 유명 라디오 프로그램의 진행자는, 자신의 일주일 지출 내역을 기록하고 살펴봤더니 식대로만 하루에 5만 원을 쓰고 있다는 걸 발견했던 겁니다. 그가 살고 있는 뉴욕 맨해튼에선 사실 흔히 벌어지는 일이지요.

하지만 그를 정말 놀라게 한 건 계산 결과였습니다. 식사비 항목에서만 일주일에 35만 원 넘게 쓰고 있다는 사실을 깨달은 후 기본적인 산수를 해 본 것이죠.

"이게 무슨 뜻인지 알겠어요? 제가 한 달에 140만 원을 외식에 쓰고 있다는 겁니다. 일 년이면 1,680만 원이죠. 제 통장에 있는 저축액은 지금 2,000만 원도 안 되는데 말이에요. 아직 40대라 그럴 필요가 없다고 생각해서 지난 10년간 퇴직연금에 한 푼도 납부하지 않았어요. 그동안 연봉을 1억 넘게 받았지만 지금 남아 있는 건 별것 없네요."

그리고 그는 라테 요인 기록을 통해 깨달은 덕에 다시 퇴직연금 납부를 시작하게 됐다고 했습니다. 그에게 라테 요인이 절실히 다가온 겁니다. 제 '귀여운' 아이디어가 제대로 먹혔던 거죠.

하지만 어떤 이유에선지, 저를 다시 그 라디오 프로그램에 초

대하진 않더군요.

아무튼 이 이야기가 즐거우셨길 바랍니다. 이제 자신의 라테 요인을 발견하고 소비를 제어할 수 있게 되면 무엇을 할 수 있는지 알아봅시다. 여러분의 미래가 앞으로 영원히 바뀌는 순간입니다.

## 라테 요인을 알았다면 해야 할 일

가장 먼저 여기까지 읽은 데 대해 축하의 말씀을 건네고 싶군요. 다른 사람들은 평생 깨닫지 못할 수 있는 사실을 여러분은 이미 알게 됐으니까요. 잘하셨습니다.

이제부터 각 장의 말미에는 '자동 부자들의 행동 수칙'이 소개될 겁니다. 이 수칙들은 방금 읽은 내용을 요약하고 바로 행동으로 옮길 수 있도록 고안됐습니다. 기억하세요. 아무리 좋은 아이디어라도 써먹지 않으면 흥밋거리에 불과하다는 점을. 새로운 결과를 얻기 위해서는 새로운 행동이 뒷받침되어야 합니다. 자동 부자가 되고 싶다면 배운 것들을 실천해야 하죠. 튼튼한 재정을 갖춘 미래를 얻는 유일한 방법은 지금 당장 그 미래를 창조하는 것뿐이니까요!

# 자동 부자들의 행동 수칙

이번 장에서 설명한 사항들을 점검해 봅시다. 다음은 자동 부자가 되기 위해 여러분이 지금 당장 해야 할 일들의 목록입니다. 각 단계를 달성할 때마다 체크 표시를 해주세요.

☐ 중요한 것은 '얼마나 버느냐'가 아니라 '어떻게 쓰느냐'라는 점을 받아들여라.

☐ 자신의 라테 요인 찾기를 수행하라. 딱 하루만 이 책을 들고 다니면서 '나의 라테 요인 찾기' 표에 지출 내역을 모두 기록해 보라.

☐ 오늘부터 조금만 덜 쓰고 저축을 시작하겠다고 지금 당장 결심하라.

☐ 이번 장에 나온 라테 요인 계산표를 보면서 하루 몇천 원으로 자신의 인생이 얼마나 달라질 수 있을지 생각해 보라.

제
3
장

가장 먼저
미래의 나에게 투자하라

돈이 유일한 해답은 아니지만 차이를 만들어 낸다.

버락 오바마

좋은 소식을 전하겠습니다. 라테 요인을 통해 당신의 현재 수입으로도 진정한 부를 쌓을 수 있다는 가능성을 확인했다면, 이제는 실제로 앞으로 나아갈 기회를 부여한다는 겁니다. 어떻게 그럴 수 있냐고요? 이제부터 우리가 할 일은, 목에 걸린 가시처럼 고통스러운 '예산'이라는 골칫거리를 완전히 제거하는 것이기 때문입니다.

여러분이 지금 무슨 생각하는지 압니다.

'라테 요인이라는 게 결국 내가 얼마나 쓰는지 파악하고 어디에서 소비를 줄일 수 있는지 알아내는 것 아닌가? 그게 결국 예산을 짜라는 게 아니고 뭐지?'

아닙니다. 라테 요인의 핵심은 예산을 수립하라고 설득하려는 게 아닙니다. 오히려 저축과 투자를 시작하기에 자신이 이미 충분한 돈을 벌고 있다는 점을 확신시키기 위함이었죠. 현재 상태로도 충분히 부자가 될 수 있다고 말입니다.

## 예산은 휴지통에 버려라

이제는 여러분도 거의 누구나 자동 부자가 되기에 충분한 돈을 벌고 있다는 점을 아셨을 테니, 그다음으로 진정한 부를 가로막는 두 번째 중대한 오해를 다뤄봅시다. '부자가 되기 위한 해결책은 예산 수립'이라는 생각 말입니다.

왜 그토록 많은 사람들이 예산이 필요하다고 생각하는 걸까요? 다른 사람들이 그렇게 말하기 때문입니다. 아마도 누군가 이렇게 말했겠죠. "예산만 잘 짜면 모든 게 잘 풀릴 거야." 하지만 그렇게 말한 그 사람은 누구였나요? 여러분의 부모님? 선생님? 배우자? 아니면 재테크 전문가였나요? 분명 그 사람은 당신을 아끼는 좋은 의도로 말했겠죠. 하지만 그 사람이 부자였나요? 행복하고 즐거운 삶을 살고 있었나요? 자기 자신이 성공적으로 예산을 활용하고 있었나요?

아마 아니었을 겁니다.

사실 예산을 짜는 데 능숙한 사람은 매우 드물지요. 그리고 솔직히 말해서, 설령 자신이 '예산의 귀재'라고 하더라도 '쇼핑의 귀재'와 사랑에 빠진다면, 그럼 예산 따위는 창문 밖으로 던져질 운명이죠. 안녕, 예산이여.

혹시 이것이 당신의 상황이라 해도 걱정할 필요는 없습니다. 아주 일반적인 현상이니까요. 제가 만난 거의 모든 커플들도 그랬습니다. 예산을 고수하려는 사람이 불운하게도 쇼핑 천재와 결혼하게 되면, 아무리 사랑한다고 해도 돈 문제로 싸우게 될 수밖에 없습니다. 매킨타이어 부부도, 저와 제 아내도 처음 결혼했을 때는 마찬가지였죠.

그럼 어떻게 해야 하는 걸까요?

# 예산 짜기보다 부자 되는 더 좋은 방법이 있다

예산을 세우는 것이 실제로는 제대로 먹히지 않는 이유는 아주 간단합니다.

재미가 없기 때문이죠.

그리고 재미가 없기 때문에 지키기가 몹시 어려운 겁니다. 잘 생각해 보세요. 예산을 짠다는 건 결국 미래의 행복을 위해 당장의 경제적 자유를 희생하는 겁니다. 확실한 방법이긴 하지만 전략으로 삼기에는 인간의 본성에 어긋나지요. 더 큰 문제는 번 돈을 마지막 한 푼까지 토해내라며 쏟아지는 3,000여 개의 광고들과도 맞서야 한다는 겁니다.

저는 소위 전문가라는 사람들이 이렇게 얘기하는 걸 항상 듣곤 합니다. "오락, 외식, 의류, 주거, 여행, 음식 등등에 대해 현실적인 예산을 짜야만 합니다." 하지만 이건 어리석은 짓입니다. 마치 살을 빼려면 먹은 것 하나하나를 다 기록하고 칼로리를 계산해야 한다고 주장하는 것과 다를 바 없습니다.

다이어트를 해야 한다는 생각 때문에 강박적으로 음식 칼로리와 지방 함유량을 계산하지만, 결국은 이전보다 오히려 살이 쪄버리는 사람이 얼마나 많은가요? 실제로 이런 식의 다이어트 방식은 효과를 얻지 못합니다. 왜일까요? 칼로리를 계산하는 데 질려버리기 때문입니다. 자신을 괴롭히다가 지쳐버리고 마는 거죠.

재정적 다이어트에서도 마찬가지 현상이 벌어집니다. 한동안은 지출 내역을 하나하나 적어둘 수 있겠지요. 하지만 결국 더는 견디지 못하고 돈을 펑펑 써버리게 되기 일쑤입니다. 이래서는 효과가 없습니다. 어떤 시스템이든 인간의 본성을 억누르는 방식이라면 결국 실패할 수밖에 없어요. 인간이란 존재는 원래 통제받기를 싫어하고 직접 통제하기를 좋아하기 때문이죠.

이 둘은 완전히 다릅니다. 돈에 관한 한 통제하는 주체는 자기 자신이 되어야 합니다. 그러니 혹시 지금 예산과 씨름하고 있다면 과감히 쓰레기통에 던져 버리세요. 그럼에도 지출 예산을 짜겠다고 굳이 고집한다면 저도 어쩔 수는 없습니다. 하지만 저는 솔직히 그건 시간과 노력의 낭비라고 생각합니다. 그 대신 제가 이제부터 소개하려고 하는 건 예산에 대한 고민을 한 방에 완전히 날려버릴 수 있는 시스템입니다. 매킨타이어 부부를 비롯해 제가 아는 모든 자동 부자들이 이 시스템을 이용해 큰 노력을 들이지 않고 부자가 될 수 있었죠.

이제 제가 묻고 싶은 질문은 이겁니다. 이 쉬운 방법을 받아들일 준비가 됐나요?

## 이것만 한다면 부자가 될 것이다

핵심만 말하겠습니다. 과장 따윈 없습니다. 부자가 되고자 한다면 당신이 해야 할 일은 대부분의 사람들이 하지 않는 일을 하겠다고 결심하는 겁니다. 그리고 그것은 바로 '자신에게 먼저 투자하라'입니다.

사람들은 대부분 한 푼이라도 벌게 되면 남에게 먼저 줘버립니다. 집주인에게, 신용카드 회사에, 통신사에, 정부에…. 그러면서 예산이란 월말, 연말, 혹은 은퇴할 때에 남에게 얼마를 줘야하는지 파악하기 위해 필요하다고 여기지요. 그런 다음 '남은 돈'을 비로소 자신에게 쓰게 됩니다.

그러나 여러분, 이건 완전히, 확실히, 순서가 뒤바뀐 겁니다. 이 시스템이 제대로 작동하지 않기 때문에 사람들이 부자가 되는 길을 잘못 들어섭니다.

축약해 보면 부자가 되는 길에는 기본적으로 다음 6가지가 있습니다.

첫째, 복권 당첨

둘째, 부자와 결혼하기

셋째, 상속받기

넷째, 소송

다섯째, 절약

그리고…

여섯째, 자신에게 먼저 투자하기


위 방법들 각각을 간단히 살펴보도록 하지요.

**복권 당첨** 일반적인 사람들이 부자가 되기 위해 시도하는 가장 흔한 방법이 뭘까요? 복권을 구입하는 겁니다. 뉴햄프셔에서 처음 추첨식 복권이 발행됐던 1964년 이후로 미국인들이 복권 구입에 쏟아부은 돈은 무려 1,000조 원이 넘습니다. 그리고 이 책의 초판이 출간된 이후로 500조 원어치 이상, 작년 한 해만 해도 70조 원의 돈이 복권을 사는 데 쓰였다고 합니다. 와우, 놀랍지 않나요? 만약 이만한 돈을 퇴직연금에 투자했다면 어땠을까요? 질문을 좀 바꿔 보죠. 혹시 복권에 당첨된 적이 있습니까? 또는 주변에 복권에 당첨된 사람이 있습니까? 그 사람이 당첨금을 좀 나눠주기라도 하던가요? 네, 그렇겠죠. 그런 적 없었을 겁니다. 그러니 복권일랑 그냥 잊기로 하죠.

**부자와 결혼하기** 이 방법이 당신에게 가능한가요? 부자와 결혼하는 건 가난뱅이와 결혼하는 것과 별다르지 않게 쉬운 일이란 말이 있지만 과연 그런가요? 돈을 보고 한 결혼은 남은 평생을 그 대가를 치르며 살게 되기 마련입니다. 그러니 이 방법도 잊어버립시다. 물론 우연히 사랑에 빠진 상대가 부자일 경우는 예외로 하고요.

**상속받기** 여러분의 부모가 부자가 아니라면 이건 분명 쓸데없는 생각이지요. 설령 부자 부모를 뒀더라도, 주말에 부모님을 뵈러 가서 안부를 물었는데 건강하다는 대답에 실망하는 건 좀 역겨운 일이지 않나요?

**소송** 요새 흔히 볼 수 있는 광경이긴 합니다. 전 세계 변호사

숫자의 4분의 3이 미국에서 활동하고 전 세계 소송 건수 중 94%가 미국에서 벌어집니다. 돈을 벌어 저축하고 투자하는 것보다 적당한 상대를 찾아서 소송을 걸어 후려치는 게 더 낫다고 생각하는 사람들이 있는 것 같군요. 하지만 이건 부자가 되는 데 진정 쓸 만한 시스템이라고 하긴 어렵겠죠.

**절약** 사람들에게 인색하게 굴고, 도시락을 싸다니고, 쿠폰을 모으고, 가계부를 쓰고, 절대 유흥은 즐기지 않고, '언젠가는 은퇴해서 인생을 즐길 날이 오겠지' 하는 마음으로 30년을 보낼 수도 있을 겁니다. 윽, 끔찍한 말이네요. 별 소용없는 짓이라는 건 굳이 말하지 않아도 되겠죠.

자, 그럼 이제 마지막으로 부자 되는 쉬운 방법이 하나 남았네요.

## 자신에게 먼저 투자하기

분명히 예전에도 들어본 말일 겁니다. '먼저 자신에게 투자하라'는 건 제가 만들어낸 말도 아니고, 그리 새롭게 들리지도 않겠지요. 하지만 전 이에 대해 오래전부터 가르쳐 왔습니다. 저는 마치 규칙처럼 수강생들에게 항상 자신에게 먼저 투자하기라는 개념에 대해 들어본 적 있는지 물어봅니다. 그러면 제가 가르치는 모든 강좌나 세미나에서, 사람이 5명이든 5,000명이든 간에 90%

가 넘게 손을 들곤 합니다. (아마 나머지 10%는 제가 무슨 말을 해도 손 같은 건 들지 않기로 결심한 사람들일 겁니다.)

하지만 어떤 개념을 단순히 들어봤다는 것과 그 개념을 실천하며 사는 건 완전히 별개의 문제입니다. '자신에게 먼저 투자하기'의 개념과 활용법을 상세히 설명하기 전에, 우선 다음의 질문에 답해보면서 자신이 정답을 제대로 알고 있는지 파악해 보기 바랍니다. 아는 것보다 아는 대로 실천하고 있는지가 더욱 중요하죠.

당신은 '자신에게 먼저 투자하라'는 말의 의미를 제대로 알고 있나요?
- 자신에게 먼저 '얼마를' 투자해야 하는지 알고 있나요?
- 자신에게 먼저 '어디에' 투자해야 하는지 알고 있나요?
- 실제로 그렇게 투자하고 있나요?
- 당신의 '자신에게 먼저 투자' 계획은 '자동적'인가요?

위의 질문들에 어떻게 대답하는지 보면 저는 그 사람이 부자가 되기 위한 실질적인 계획을 갖췄는지를 바로 알 수 있습니다. 하지만 현실은, 대부분 그렇지 않죠.

그럼 여러분은 어떤가요? 자신에게 먼저 투자하고 있습니까? 수입 중 얼마를 자신에게 먼저 투자해야 할지 알고 있나요? 올바른 곳에 투자하고 있습니까? 예산을 따로 짜지 않아도 자신에게 먼저 투자하는 계획이 자동적으로 이뤄지도록 해놓았습니까?

만약 위 질문들에 모두 명확하게 "그렇다"라고 답할 수 있다면, 축하합니다. 당신은 정말 대단한 사람이군요. 모두가 원하는 경제적 자유를 누릴 자격이 있습니다. 하지만 그렇다고 해도 이 책에는 당신 같은 사람이 다음 단계로 진출할 수 있는 아이디어가 담겨 있으니 계속 읽어나가 주길 바랍니다.

반대로, 만약 위 질문들에 대한 전부 혹은 일부 답이 "아니다"라고 해도 너무 자책할 필요는 없습니다. 지극히 정상적이니까요. 대부분 자신에게 먼저 투자하지도 않고, 그에 대한 자동적 계획을 하고 있지도 못하죠. 그러면서도 그저 부자가 되기만을 바랄 뿐입니다. 그러나 그 바람은 절대 이뤄지지 않죠. 물론 이런 사람들도 우연히 부자가 될 수 있습니다. 복권에 당첨되거나 버스에 치여 정부를 상대로 소송을 걸어 큰 보상금을 받을 수도 있죠. 하지만 그건 '계획'이라고는 할 수 없을 겁니다.

그러나 우리가 원하는 건 '계획'입니다.

그러니 위 질문들에 대해 긍정적인 답을 내놓지 못하더라도 걱정하지 마세요. 앞으로 그에 대한 해결책을 알아볼 테니까요.

## '자신에게 먼저 투자하라'는 말의 진정한 의미

말 그대로입니다. 단돈 1,000원을 벌었을 때라도 가장 먼저 투자할 대상을 자신으로 정하라는 겁니다. 대부분은 이렇게 하지 않고 있습니다. 1,000원을 벌었을 때 대부분은 가장 먼저 세금을 내지요. 미국의 경우 연방정부에서 원천세로 대략 270원을 걷어 갑니다. 그다음 어느 주에 살고 있는지에 따라 다르지만, 주정부에서 평균 50원을 또 소득세로 가져갑니다. 게다가 사회보장세, 건강보험, 고용보험료도 있습니다. 결국 힘들게 번 1,000원에서 35~40% 정도를 정부에 바치게 되는 겁니다. 정작 돈을 번 사람은 그 돈을 온전히 만져보지도 못하는 거죠.

## 옛날에는 이렇지 않았다

정부가 원래부터 돈을 번 당사자가 수입을 채 확인해 보기도 전에 먼저 한 움큼을 챙겨갔던 건 아닙니다. 1943년까지는 번 만큼의 돈을 가질 수 있었죠. 그러고 나서 다음 해 봄에 소득세를 내면 됐습니다. 하지만 정부 입장에서 보면 이 시스템에는 문제가 있었어요. 세금청구서가 날아들 다음 해 봄까지 세금 낼 돈을 잘 계산해서 가지고 있을 만큼 충실히 예산을 세워두는 사람은 거의 없기 때문이었지요. 그래서 똑똑한 정부는 세금을 우선적으로 받을 수 있은 시스템을 세운 겁니다. 뿐만 아니라 원천 징수를 자동화하여 세금 납부가 제외되는 일이 없게 만들었습니다. 어떤 경우라도 확실하게 세금을 거둘 방법을 찾아낸 거죠.

이건 너무나 중요한 사실입니다. 그러니 부디 바로 앞 문단을 한 번 더 읽으며 어떤 의미인지 곱씹어보기 바랍니다. 그러면 이 책의 나머지 부분이 더 수월하게 이해될 테니까요. 앞으로 여러분이 할 일은, 바로 정부가 세금을 잘 거두기 위해 필요하다고 파악한 바로 그것입니다. 사람들에게 항상 제대로 효과를 발휘하는 시스템이죠. 이 시스템은 사람들이 어떻게 생각하느냐가 아닌 사람들이 행위를 하는 현실 그 자체에 뿌리를 두고 있기에 정말 훌륭한 방법인 겁니다. 확실히 투자를 보장받을 수 있는 시스템을 세워야 합니다. 바로 자신에게 '자동으로' 먼저 투자하는 시스템 말입니다.

다행인 건 이 시스템을 갖추는 게 어렵지 않다는 점이죠.

## 굳이 나라에 돈 먼저 낼 필요 없다

만약 합법적으로 피할 수 있다면, 굳이 급여에서 돈을 정부가 먼저 빼가도록 놔둘 이유가 있을까요? 1,000원을 벌 때마다 나라에 바치는 돈이 대략 300원이니, 그럼 남은 700원을 가지고 은퇴를 위한 자금과 투자금을 마련해야 한다는 얘깁니다. 쉽지 않은 일이지요. 수입이 줄어드는 것과 마찬가지입니다.

이래서 많은 사람들이 수지 타산을 맞추기 어려운 겁니다. 계산을 단순화하기 위해 연수입이 5,000만 원이라고 칩시다. 하지만 각종 세금 등을 생각하면 실제로 1년에 5,000만 원을 버는 건 아니에요. 실제 손에 쥐는 돈은 70%에 해당하는 3,500만 원입니다. 이 돈만 가지고 각종 청구서를 해결하고 투자 밑천도 마련해야 하지요. 그러기에 절대 충분치는 않은 돈입니다. 이래서 사람들은 예산을 짜야만 한다고 생각하는 거겠죠.

번 돈에서 각종 세금을 '합법적'으로 면제받을 권리가 우리에게는 있습니다. 여기서 중요한 건 '합법적'이란 겁니다. 정부보다 자신에게 먼저 합법적으로 투자할 수 있습니다. 그 방법은 퇴직연금을 이용하는 것으로, 상세한 내용은 뒤에서 알아보겠습니다.

### 얼마나 투자해야 적당할까

'자신에게 먼저 투자하기'와 관련해 가장 흔한 질문은 "대체 얼마나 투자해야 하죠?"입니다. 이 질문에 쉽게 답하는 법이 있습니다만, 그 전에 먼저 이야기를 하나 해드리죠.

## 당신은 왜 일하는가

얼마 전 퇴근하고 집으로 운전해 오는 길에서 본 광고판에는 "당신이 일하는 이유가 집에서 당신을 기다리고 있습니다"라고 적혀 있었습니다. 일하는 이유는 결국 가족 때문이라는 뜻이죠. 처음에는 그냥 웃고 말았지만, 곧 곰곰이 생각해보게 됐어요.

고용주의 입장은 다를 수 있지만, 우리 대부분 매일 아침 출근하는 이유는 회사의 사명선언문이나 고객 만족 따위가 아닙니다. 바로 우리 자신을 위해서죠. 다시 말해 나 자신과 가족을 위해 일하는 겁니다. 그 외의 다른 이유는 부차적이고, 우리 자신이야말로 최우선인 거죠.

정말 그런가요? 사실 우리는 자신을 최우선으로 여기라고 배우지 않았습니다. 남에게 친절하라고, 베풀며 살아야 한다고, 남을 도와야 한다고 배우며 자랐죠. 물론 저도 믿고 있는 인생의 훌륭한 가치들입니다. 하지만 전 이 말도 믿습니다. "하늘은 스스로 돕는 자를 돕는다." 여기에는 시간이 지나도 결코 변하지 않는 진리가 담겨있다고 생각합니다. 그러니 재정 계획을 세우기 전에 먼저 다음의 질문에 답하는 것이 중요합니다. 과연 자기 스스로를 돕고 있나요? 정말로 자신을 위해 일하고 있습니까?

여러분이 월급쟁이인지 자영업자인지는 중요하지 않습니다. 제 질문은, 아침 출근길이 정말 자신과 가족을 위해 일하러 가는 길인지에 대한 겁니다.

## 지난주에 나는 몇 시간이나 일했을까

이걸 한번 계산해 봅시다. 다음의 빈칸을 채우면 내가 누구를 위해 일하고 있는지 알 수 있을 겁니다.

지난주 나는 총 _____ 시간 일했다.

시간당 _____ 원을 벌었다. (세전 금액)

지난주, 나는 은퇴자금으로 _____ 원을 저축했다.

그래서 지난주 내가 자신을 위해 일한 시간은 ＿＿＿＿＿ 시간이다.

마지막 문장이 무슨 뜻인지 헷갈리나요? '지난주에 나를 위해 몇 시간을 일했냐고? 이게 무슨 뜻이지?' 하는 생각이 드나요?

사실 아주 단순한 겁니다. 지난주 자신을 위해 몇 시간을 일했는지 파악하기 위해서는 우선 지난주에 얼마를 저축했는지 답하면 됩니다. 만약 그 답이 0이라면, 지난주 자신을 위해 일한 시간 또한 0인 것이죠. 하지만 지난주 저축한 돈이 있다면 그 저축액을 시간당 수입으로 나누면 됩니다. 예를 들어 시간당 세전 수입이 2만 5,000원이고 지난주 저축액이 5만 원이었다면, 50,000을 2만 5,000으로 나누면 2가 되므로, 지난주에 자신을 위해 일한 시간은 2시간인 셈입니다.

이 결과는 당신의 미래에 대해 많은 것을 알려줄 수 있습니다. 제 경험으로는 대부분 일주일 동안 자신을 위해 일한 시간은 한 시간에 미치지 못합니다. 충분하다고는 할 수 없죠.

연봉이 5,000만 원인 사람의 경우를 가정해 봅시다.

연봉이 5,000만 원이라면,
한 주에 대략 100만 원을 버는 것이고(1년=52주, 2주의 휴가 기간을 빼고 계산),
시간당으로 계산하면 대략 2만 5,000원입니다(주간 근로시간을 40시간으로 계산).

그럼 이 사람은 매주 얼마를 저축해야 할까요?

앞의 매킨타이어 부부 사례에서 이미 살펴봤듯이 총수입의 10~15%를 저축하는 것이 적당합니다. 그 중간인 12.5%를 기준으로 잡아봅시다. 100만 원의 12.5%는 12만 5,000원이니, 한 주에 100만 원을 번다면 한 주에 12만 5,000원은 저축해야 한다는 뜻이죠. 일주일에 5일을 일한다고 하면 하루치 저축액은 2만 5,000원입니다. 결국 한 시간 치 급여에 해당하는 금액을 매일 모아야 하는 겁니다.

하지만 안타깝게도 대부분 사람들이 하는 저축액은 이에 크게 못 미치는 실정입니다. 미국 상무부에 따르면 미국인들의 평균 저축액은 수입 중 5% 이하입니다. 이건 대부분의 사람들이 하루 중 자신을 위해 일하는 시간은 22분 정도밖에 되지 않는다는 뜻입니다. 그리고 5명 중 한 명은 자신을 위해 일하는 시간이 전혀 없습니다. 즉 전혀 저축하지 않고 있는 거죠.

---

### 국내 순저축률은?

우리나라 가계의 순저축률은 2014년 6.3%, 2015년 8.1%, 2016년 7.6%, 2017년 7.6%(잠정집계)다. 가계의 평균 저축액이 가처분소득 중 7.6%(2017년 기준)라는 뜻이다.(자료: 한국은행)

# 당신은 과연 미래를 위해 일하고 있는가

저는 이 현실이 너무 안타깝습니다. 아침에 일어나 가족을 남겨 두고 나와서, 깨어 있는 대부분의 시간 동안 남을 위한 비즈니스를 하면서, 정작 자기 자신을 위해서는 하루에 한 시간도 채 투자하지 않는다니요? 이래서는 안 됩니다. 그리고 여러분은 오늘부터 당장 그러지 않기를 바랍니다.

이 이야기를 듣고 여러분도 생각이 많아졌을 겁니다. 답답해서 미칠 지경일지도 모르지요. 지금 아마 이렇게 생각할 겁니다. '말도 안 돼. 나를 위한 시간이 이렇게 적다니. 하루에 한 시간도 나를 위해 일하지 않는다고? 한 시간이 아니라 한 시간 30분, 아니 하루에 두 시간은 일해야지!'

대부분의 재정 계획이나 교육이 가진 문제점은, '인생'이 아니라 '숫자'에만 집중한다는 겁니다. 단지 수입의 몇 퍼센트를 투자하는지가 아니라 인생에서의 시간에 대해 생각해야 합니다. 과연 올해 자신을 위해 일하려는 계획을 세우는 데 몇 시간을 투자했나요? 그보다는 고용주, 정부, 신용카드 회사, 은행 등 내 돈을 원하는 다른 사람들을 위해서만 일해 온 건 아닌가요? 일주일 중 몇 시간을 자신의 미래를 고민하는 데 사용하겠습니까? 당장 오늘은 어떤가요? 자신의 미래를 위해 오늘 중 몇 시간이나 투자할 계획인가요?

이렇게 생각한다면, 하루에 한 시간은 미래를 위해 투자하기에 결코 과하지 않습니다. 지금 당장 수입에서 일정 분량을 저축하고 있지 않다면, 자신에게는 너무 박하게 투자하고 오직 남들만을 위해 일하는 것과 마찬가지입니다. 자신에 대한 투자에 지금보다 더 신경 써야 마땅하지요.

## 지금 당장 자신을 위한 투자를 시작하라

제가 제안하는 건 아주 간단합니다. 오늘부터 당장 적어도 하루 한 시간은 자신을 위해 일하라는 겁니다. 즉 총수입에서 최소 10%를 소득공제 적용을 받는 퇴직연금에 투자하여, '자신에게 먼저 투자하기'를 실천하면 됩니다.

이를 위해 해야 할 일은 아래와 같습니다. (상세한 방법은 다음 장에서 설명하겠습니다.)

- 미래를 위해 자신에게 먼저 투자하겠다고 결심하세요.
- 퇴직연금 계좌를 개설하세요.
- 총수입의 10%를 이 계좌에 납부하세요.
- 연금 납부를 자동화하세요.

## 오늘부터 나는 나를 위해 일하기로 했다

이 결심을 지금 당장 행동에 옮길 수도 있고, 좀 더 생각해 볼 수도 있겠지만, 확실하게 실천할 수 있는 방법을 하나 알려드리죠. 저의 세미나에서 제 책을 읽은 독자들을 오랫동안 직접 만나오면서 제가 배우게 된 사실은, 목표와 계획을 글로 옮긴 사람은 그렇지 않은 사람에 비해 결국 더 많은 것을 성취한다는 점입니다. 그러니 부디 펜을 들고 다음의 맹세를 자신과 맺도록 하세요. 지금 이 순간, 당장 해야 할 일입니다.

---

### 자동 부자의 맹세

나 _____ 은(는) 이번 주부터 적어도 하루 한 시간은 나를 위해 일하기로 맹세한다. 나는 그만한 가치가 있는 사람이니까.

그래서 ____ 월 ____ 일부터는 내 총수입의 _____ %를 '나 자신에게 먼저 투자'할 것이다.

서명 : _____

---

## 결코 어렵지 않다!

자, 이렇게 해서 내일부터 총수입의 10%를 급여계좌에서 퇴직연금 계좌로 자동 이체되도록 시작한다고 합시다. 이 간단하고 자동적인 프로세스의 결과로 여러분은 훗날 전체 인구의 90%보다 더 많은 재산을 모을 수 있습니다. 네, 그렇습니다. 수입의 10%만 자신에게 먼저 투자하면 엄청난 부를 쌓을 수 있는 겁니다.

어려운 일이라고요? 글쎄요, 언뜻 지출하는 돈을 10%나 줄일 수 있을지 겁부터 먹을 수도 있겠지만, 정말 그렇게 대단히 어려운 일일까요? 앞에서 얘기했던 라테 요인을 떠올려 봅시다. 다시 연봉이 5,000만 원인 사람의 예를 들겠습니다. 세전 금액으로 연봉의 10%를 매달 모은다면 연말에는 500만 원이 되겠지요.

하지만 일 년 내내 한 푼도 따로 모으지 않고 있다가 12월이 돼서야 갑자기 그만한 돈을 마련하려고 한다면, 과연 500만 원이란 돈을 구할 수 있을 가능성이 얼마나 될까요? 아마 거의 없을 겁니다. 하지만 자신에게 먼저 투자하기를 실천한다면 연말에 굳이 돈을 구할 필요가 없습니다. 이미 수입의 10%가 내 손을 거치지 않고 자동적으로 투자되어 왔으니까요. 갖지도 못한 돈을 쓸래야 쓸 수조차 없지 않겠습니까?

그렇다면 과연 하루에 부담해야 할 돈이 얼마나 되는 걸까요?

계산해 봅시다. 연봉 5,000만 원일 경우 월급은 대략 420만 원이고, 이를 30일로 나누면 하루에 14만 원입니다. 이 중 10%를 저축한다면 하루에 1만 4,000원을 저축하는 것이죠.

그런데 만약 이 돈을 자신에게 먼저 투자하지 않는다면 얼마를 잃게 되는 셈일까요? 매월 42만 원씩 35년간 수익률 10%인 퇴직연금 계좌에 납부한다면 과연 얼마일까요?

10억이 넘습니다. 사실은 훨씬 크죠. 대략 16억 원에 해당하는 돈이 모이게 됩니다.

이는 반대로, 자신에게 먼저 투자하지 않을 경우 잃게 되는 대가인 겁니다.

하지만 "하루에 1만 4,000원을 모으라고? 제정신이야? 대체 하루에 1만 4,000원을 어떻게 모을 수 있다는 거지?"하며 발끈할 분도 있을 겁니다.

하지만 걱정할 필요 없습니다. 다음 장을 읽으면 그만한 돈을 모으는 것이 생각보다 훨씬 쉽고 어렵지 않은 일이라는 것을 알게 될 테니까요. 하지만 성격 급한 분을 위해 여기서 미리 짧게 설명하자면, 소득공제가 적용되는 퇴직연금 계좌에 납부할 경우 하루에 아껴야 할 돈은 1만 4,000원에서 1만 원으로 줄어들게 됩니다. 지금 당장 이해가 되지 않는다고 해도 괜찮습니다. 다음 장까지 기다려 주세요.

## '자신에게 먼저 투자하기'의 유형별 공식

자신에게 먼저 투자하기에 대해 저는 그동안 셀 수 없이 많은 이메일을 받아 봤습니다. 사람들은 묻지요. "10%면 정말 충분한가요? 전 수입의 12%는 저축해야 한다고 들었는데요. 더 많이 저축하면 어떤가요? 만약 15%를 저축하면 어떻게 되죠?"

그래서 아래와 같은 공식을 만들어 사용하게 됐습니다. 각자의 삶은 저마다 다르게 마련이지만 자신을 위한 계획을 세울 때 참고할 수 있을 겁니다.

**파산한 빈털터리** 자신에게 먼저 투자하지 않고, 번 것보다 많이 씁니다. 함부로 빚을 내고는 갚지 않습니다.

**가난뱅이** 자신에게 먼저 투자하겠다고 마음은 먹지만 실천하지 않습니다. 버는 족족 쓰고 저축하지 않으면서 '언젠가는 돈을 모을 거야' 하고 결심만 합니다.

**중류층** 총수입의 5~10%를 자신에게 먼저 투자합니다.

**중상층** 총수입의 10~15%를 자신에게 먼저 투자합니다.

**부자** 총수입의 15~20%를 자신에게 먼저 투자합니다.

**조기 퇴직 부자** 총수입의 최소 20% 이상을 자신에게 먼저 투자합니다.

## 정말 이게 다인가?

솔직히 말하자면 '자신에게 먼저 투자하라'는 개념에 모든 사람이 동의하지는 않을 겁니다. 오히려 여기에 화를 내는 사람도 있겠지요. 여러분도 그럴지 모르겠습니다. 그럴 수 없는 이유가 머릿속에 가득 차 있을지도 모르지요. '이 정도로는 안 돼. 대체 부자 되는 비결이 뭐라는 거야? 주식이나 뮤추얼펀드에 투자하라는 말은 왜 없지? 수익률 10%를 대체 어떻게 내라는 거야? 그런 호시절은 다 지났는데! 돈 없이도 부동산 사는 법은 어디 있는 거지? 나는 그런 얘기를 듣고 싶은 거라고!' 이렇게 생각할 수 있을 겁니다.

하지만 저를 믿어주기 바랍니다. '자신에게 먼저 투자하기'를 결심하지 않는다면 부자가 될 수 없습니다. 절대로. 아무리 재테크 책을 많이 읽고, 강연을 듣고, 관련 잡지를 구독한다고 해도 정작 자신에게 투자하기 전에 정부나 다른 이들이 당신보다 먼저 월급을 축내도록 놔둔다면 아무 소용이 없는 짓에 불과합니다. 자신에게 먼저 투자하는 것이 부자가 되기 위한 가장 기본인 겁니다.

앞에서 여러분은 자신에게 먼저 투자하겠다고 맹세했습니다. 이제는 다음 두 가지를 결정해야 합니다.

첫째, '어떻게' 나에게 먼저 투자할 것인가요?
둘째, '어디에' 투자금을 넣을 것인가요?

다음 장은 위 질문들에 답하기 위한 공간이라고 보시면 됩니다. 그러니 넘어가 볼까요. 지금까지는 '생각'을 바꾸는 법에 대해 얘기했다면, 앞으로는 '행동'을 바꾸는 법에 관해 다뤄 봅시다. 이렇게 우리는 자동 부자가 되는 길에 올라설 준비를 마친 겁니다!

# 자동 부자들의 행동 수칙

이 책에서 딱 한 가지만 배울 수 있다면 바로 다음의 메시지만은 기억하기 바랍니다.

"지속적으로 부를 쌓는 비결은 자신에게 먼저 투자하는 것, 그리고 그 투자를 자동화하는 것입니다."

이 두 가지를 해낸다면 다시는 돈 걱정할 필요가 없게 될 테니까요. 간단해 보이나요? 그건 실제로 간단하기 때문입니다.

이번 장에서 설명한 내용을 다시 살펴봅시다. 자동 부자가 되기 위해 지금 당장 해야 할 일들의 목록입니다. 다시 말하지만, 각 항목을 달성한 후에는 체크 표시를 해주세요.

☐ 예산 짜는 건 집어치워라.

☐ 쉽게, 당장 부자가 될 수 있다는 사기에 속지 마라.

☐ 자기 자신에게 먼저 투자하겠다고 맹세하라.

☐ 가난뱅이, 중산층, 부자 중 무엇이 되고 싶은가? 그에 따라 자신에게 맞는 투자 비율을 정하라.

이제 다음 장으로 넘어가 투자를 자동화하는 방법에 대해 알아봅시다.

제
4
장

미래를 위한 투자가
저절로 이뤄지는 기술

돈이 돈을 낳는다. 돈이 돈을 번다.

존 레이

자신에게 먼저 투자하지 않으면 어떤 손해를 입게 되는지를 여러분도 이미 예전에 들어 알고 있을지 모르겠습니다. 하지만 그랬음에도 달라진 것이 없었는데, 왜 저는 이번엔 다를 거라고 주장하는 걸까요? 그때와의 차이는, 이번엔 여러분이 직접 통제한다는 겁니다. 이번엔 '자동화'를 통해 투자할 테니까요.

그 외에 다른 길은 없습니다. 자신에게 먼저 투자하기의 효과를 보기 위해서는 그 프로세스가 자동화되어야 합니다. 어떤 식으로 자신에게 투자하기로 했든지 마찬가지입니다. 퇴직연금 계좌에 넣기로 했든, 비상금으로 저축하든, 적금을 붓거나 펀드에 투자하든, 기존 대출이나 카드빚을 갚든, 그 어떤 경우라도 별도의 예산 계획이나 의지력에 의존하지 않는 시스템이 있어야 하지요.

오랜 세월 재테크 전문가로서 고객들을 상대해 온 경험을 통해 저는 '자동화가 효과를 내는 유일한 방법이다'라고 자신 있게 얘기할 수 있습니다. 고객들은 항상 제게 이렇게 말하곤 했죠. "이봐요, 내가 의지력만큼은 믿을 만한 사람이에요. 매달 내가 넣는 돈을 잘 투자만 해 주세요." 하지만 결코 오래 가는 법이 없었습니다. 대부분 기껏해야 3개월을 버텼고 가끔 6개월까지 간 경우도 있을 뿐이었죠. 처음 결심 그대로 매달 투자금을 제때 낸

고객은 지난 9년간 단 한 명에 불과했습니다.

## 자동 부자들이 자신에 대한 투자에 성공한 비결

매킨타이어 부부가 자동 부자가 될 수 있었던 것은 수입 중 10% 가 자동으로 저축되도록 자신에게 먼저 투자하는 시스템을 30 년 넘게 고수해 온 덕분이었습니다. 그렇다고 처음부터 10%에 서 시작한 건 아니었죠. 초기에는 수입 중 4%를 자신에게 투자 했고, 그러다 5%로 올렸습니다. 1년 후에는 7%까지 올렸고, 그 렇게 10%를 투자하기까지 4년이란 세월이 걸렸습니다. 그리고 몇 년 후, 그들은 마침내 완전히 이 시스템에 적응하여 15%까지 투자 비율을 높였지요.

이것이 가능했던 이유는 따로 은행에 가거나 이체할 필요가 없었기 때문입니다. 모든 것을 자동화해 둔 덕분에 의지력을 발 휘하지 않아도 됐습니다. 시간도 잡아먹지 않았고, 따로 생각할 필요도 없었지요. 사실 그들에게 필요했던 유일한 결정은 몇 퍼 센트를 자신에게 먼저 투자할지 정하는 일뿐이었습니다. 그것 도 딱 한 번. 그리고 나머지는 모두 자동으로 이뤄졌지요.

매킨타이어 부부처럼 저도 단계적으로 투자해 나갔습니다. 이 개념에 대해 처음 들었던 당시에는 저도 다른 대부분의 사람들 처럼 하려고 했죠. 예산을 짜고, 실패하지 않으려 안달복달하다 가, 연말이 되어서야 사방팔방에서 돈을 구해 퇴직연금과 저축

계좌에 돈을 넣었습니다. 그렇게 한 해가 오고 갔지만 저의 재정 상태는 전혀 나아지지 않았습니다.

그러다가 겨우 자신에게 먼저 투자하기를 시작했을 때 제 투자 비율은 1%였습니다. 맞습니다. 딱 1%. 당시 저는 20대 중반이었고 과연 그런 투자를 감당할 수 있을지 확신이 없었어요. 그렇게 석 달이 지나 1% 투자가 전혀 문제없다는 걸 느끼고는 3%로 비율을 올렸습니다. 그즈음 매킨타이어 부부를 만나게 됐고, 저는 결심했죠. "이대로는 안 되겠어. 조금이라도 젊을 때 제대로 해서 부자가 돼야지."

그러고 나서 그들과 만남 직후 저는 바로 투자 비율을 10%로 올렸습니다. 그리고 1년 후에 다시 15%로 조정했고, 현재 저와 아내는 우리의 총수입 중 20%를 우리 자신에게 먼저 투자하고 있습니다. 20%라니 너무 높게 느껴질 수 있지만 15년에 걸쳐 조금씩 꾸준히 투자 비율을 늘린 결과인 겁니다. 이제는 우리의 새로운 규범으로 자리 잡았습니다.

자랑하기 위해 제 이야기를 늘어놓는 것이 아닙니다. 굳이 이 이야기를 들려주는 까닭은 지금 혹시 여러분이 감당하지 못할까 봐 자신에게 먼저 투자하기를 실천하지 못하고 있다면, 그 심정을 저도 이해한다는 걸 알려드리기 위해서죠. 저도 마찬가지였으니까요. 하지만 저는 경험을 통해 일단 자신에게 먼저 투자하겠다고 결심하고 그 프로세스를 자동화하기만 한다면 그것으로 일은 다 된 것이나 마찬가지라고 확실히 말씀드릴 수 있습니다. 시작만 한다면 첫 석 달이 지나기 전에, 예전에 가졌던 두려움은 아예 잊게 될 겁니다. 오히려 더 적은 돈으로 사는 데 자신이 너무 자연스럽게 적응해서 놀랄지도 모릅니다. 또한 시간이 지날수록 덜 쓰는 일이 점점 쉬워질 겁니다. 왜냐고요? 미처 알기도 전에 계좌에 놀라운 금액이 쌓이고 있기 때문이죠. 이것이 가능한 이유는 아주 간단합니다. 수중에 돈이 없으니 아예 쓸 수가 없는 겁니다.

그러니 설령 지금 당장에는 총수입의 1%밖에 투자할 여력이 안 된다고 해도 괜찮습니다. 일단 자신에게 먼저 투자하기를 시작하세요. 그 작은 시작이 습관을 변화시키고 저축을 자동화해 줄 테니까요. '자신에게 투자하기'는 결국 당신을 부자가 되는 길로 안내할 겁니다.

## 자신에게 안전한 미래를 선물하라

지금쯤이면 실천을 위한 동기는 충분해졌을 겁니다. 자신의 라테 요인이 무엇인지도 찾았고, 현재 일주일에 자신을 위해 얼마의 시간을 투자하는지도 파악했죠. 또 적어도 하루 한 시간을 나자신을 위해 일하겠노라고 서명하며 맹세까지 했습니다. 자, 이제는 그토록 원하던 자동 부자가 될 미래를 가질 시간입니다.

탄탄한 재정이 받쳐주는 미래를 어떻게 얻을 수 있을까요? 간단합니다. 그 미래를 사면 됩니다. 이제는 더 이상 정부나 회사,

혹은 가족에게 재정적으로 기대지 않고 퇴직 이후 스트레스에서 자유로운 삶을 살겠다고 당신은 결심했습니다. 원하는 순간 원하는 일을 할 수 있는 사람이 되기로 한 겁니다.

그런 사람이 될 수 있는 방법은 미래를 위해 자신에게 먼저 투자하는 것입니다. 미래를 위해 자신에게 먼저 투자하는 것이야말로 자동 부자의 최우선 순위이죠. 퇴직연금에 자동으로 돈이 납부되는 시스템을 갖춰야 가능한 일입니다. 이제부터는 그 구체적인 방법들을 설명하도록 하겠습니다.

## 퇴직연금 제도를 활용하라

당신이 직장인이라면 희소식을 하나 알려드리죠. 자신에게 먼저 투자하기가 한결 쉬울 가능성이 크다는 겁니다. 이렇게 얘기하는 이유는 기업의 퇴직연금 제도 덕분입니다. 이 제도를 잘 활용하면 절세 효과를 보면서 미래에 대한 투자를 극대화할 수 있죠.

조건만 된다면 퇴직연금을 적극적으로 활용해야 할 이유는 아래와 같습니다.

- 일시금으로 받는 퇴직금에 비해 안정성과 수익성이 높고, 장기 유지가 가능합니다.
- 퇴직연금 납부금과 연금 적립액 운용 과정에서는 과세가 유예되며, 연금 수령 시에도 수령 방식에 따라 절세 효과를 누릴 수

있고, 연말정산 시 일정액까지 세액공제를 받을 수 있습니다. (해당 세금만큼의 재투자 효과 발생.)

- 월급에서 자동으로 납부됩니다. (기업 부담금 외에 개인이 추가로 퇴직연금에 납부 가능.)
- 수수료가 거의 들지 않습니다. (연금 운용 수수료가 기타 연금보험 등에 비해 매우 저렴.)
- 매달 월급에서 자동이체 되어 복리 효과를 누릴 수 있습니다.

## 정부보다 먼저 지급받는 효과를 누려라

3장에서 논의했듯이, 정부는 여러분이 1,000원을 벌 때마다 300원을 가져가고 700원만 남겨줍니다. 하지만 과세가 유예되는 퇴직연금에 투자할 때는 1,000원을 온전히 받을 수 있죠. 이때는 오히려 정부가 손을 대지 못하는 겁니다. 이것이 다른 일반적인 투자에 비해 과서 유예 투자가 갖는 엄청난 장점입니다. 다음의 표에서 그 위력을 확인할 수 있습니다.

1년 후 1,000원과 770원 중 얼마를 받길 원합니까? 물어볼 필요도 없는 문제겠죠. 하지만 이게 다가 아닙니다. 직원들의 퇴직연금 납부액만큼을 더 내주는 회사들이 많지요. 만약 그런 기업에 다니고 있다면 훨씬 더 좋은 결과를 얻을 수 있습니다.

자, 그러면 이제는 그 결과가 각각 1,380원과 770원입니다. 다만 세전 퇴직연금 계좌를 이용했을 뿐인데 그 차이가 거의 두 배

| 과세 유예의 효과 | | |
|---|---|---|
| | 401(k) 퇴직연금(과세 유예) | 일반 투자(과세) |
| 총수입 | 1,000원 | 1,000원 |
| 세금 | -0원 | -300원 |
| 투자 가능액 | 1,000원 | 700원 |
| 연 수익(10%) | +100원 | +70원 |
| 1년 후 금액 | 1,100원 | 770원 |
| 수익금 과세 여부 | 비과세 | 과세 |

| 기업 추가 납부의 효과 | | |
|---|---|---|
| | 401(k) 퇴직연금일반 투자(과세)<br>(과세 유예+기업 추가 납부) | 일반 투자(과세) |
| 총 투자액 | 1,000원 | 1,000원 |
| 세금 | -0원 | -300원 |
| 투자 가능액 | 1,000원 | 700원 |
| 기업의 일반적인<br>추가 납부금(25%) | +250원 | +0원 |
| 투자액 | 1,250원 | 700원 |
| 연 수익(10%) | +125원 | +70원 |
| 1년 후 금액 | 1,375원 | 770원 |
| 수익금 과세 여부 | 비과세 | 과세 |

나 벌어진 겁니다! 게다가 단지 1년이 지났을 뿐이죠. 다음 도표를 보면 시간이 지날수록 과세가 유예되는 경우와 그렇지 않은 경우가 얼마나 크게 차이 나는지 알 수 있습니다.

## 과세 유예 투자가 만들어 내는 놀라운 차이!

최초 납부액 : 1,000만 원
수익률 : 10%
과세율 : 35%
기간 : 30년

17억 4,494만 원

━━ 과세 유예
━━ 과세

6억 6,143만 원

### 30년 후 차이 : 10억 8,351만 원

## 과세가 이연되면 돈이 불어난다.

### 그럼 과연 30년 후 연 소득은?

|  | 과세 | 과세 유예 |
|---|---|---|
| 누적액 | 6억 6,143만 원 | 17억 4,494만 원 |
| 수익률 | 10% | 10% |
| 연 수입 | 6,614만 원 | 1억 7,449만 원 |
| 과세율 | 35% | 35% |
| 연 소득(세후) | 4,299만 원 | 1억 1,342만 원 |

과세 유예 투자가 30년 후 당신의 소득을 보장한다!

# 자신의 미래를 보장받는 방법

과세가 유예되는 퇴직연금이야말로 부자가 될 수 있는 첫걸음이라 할 수 있습니다. 하지만 한 조사에 따르면 퇴직연금 가입 자격을 가진 미국인 노동자 4명 중 한 명은 퇴직연금에 가입하지 않은 상태라고 합니다. 이 사람들은 미래 보장이라는 게임에 아예 출전조차 하지 않은 셈이죠. 자신이 뛰어야 할 게임을 관중석에서 지켜만 보고 있는 것이나 마찬가지입니다. 혹시 당신이 그런 사람들 중 하나라면 오늘 당장 가입할 것을 권합니다. 일단 이번 장을 다 읽은 후, 바로 회사의 담당 부서에 전화를 걸거나 찾아가 퇴직연금 가입 서류를 요청하세요. 혹시 대기업에 근무 중이라면 회사 웹사이트를 통해 해당 양식을 내려받을 수 있습니다.

하지만 이 책의 초판을 쓴 이후 '자동 부자'의 장점을 정부가 파악하고 퇴직연금에 자동적으로 가입하도록 하는 정책을 시작했습니다. 즉 퇴직연금 제도를 운영하는 회사들이 직원을 채용하면 자동적으로 퇴직연금에 가입시키는 것이죠.

이건 정말 희소식입니다! 그러나 자동 가입의 경우 대부분의 기업들이 기본 납부율을 4% 이하로 설정하는데, 이건 나쁜 소식이죠. 이 정도로는 부족합니다. 그러니 퇴직연금 자동 가입 제도를 시행 중인 기업에 근무한다면 그대로 앉아 있어서는 안 됩니다. 자신의 퇴직연금 납부율이 얼마인지 확인하고 늘려야 합니다.

기억해야 할 것은 현행 퇴직연금 제도에는 매년 납부액을 자동적으로 늘릴 수 있는 방법이 있다는 점입니다. 예를 들어서 납부율을 처음에 5%로 설정하면서 '자동 증액'란에 체크하면 최대 비율에 도달할 때까지 정해둔 기간마다 납부율이 자동적으로 증액됩니다. 이 훌륭한 기능을 잘 활용해서 납부율을 10%, 혹은 그 이상으로까지 높이길 권합니다. 실제로 한 조사에 따르면 자동 가입과 자동 증액 제도를 운영하는 기업들의 경우, 소속 직원들의 납부액이 3배로 늘었다고 합니다.

## 퇴직연금 납부율은 되도록 높게 잡아라

이제 퇴직연금 가입 신청서를 손에 넣었다면 급여 중 몇 퍼센트를 퇴직연금에 납부할지 결정해야 합니다. 퇴직연금 신청서 중에서 급여에서 퇴직연금 계좌로 이체를 인정하는 서명 양식을 찾아보세요. 급여의 몇 퍼센트 혹은 얼마의 일정 금액을 이체할지 묻는 곳이 있을 겁니다. 둘 중 선택이 가능할 경우 꼭 퍼센트를 선택하기 바랍니다. 그래야 임금이 인상될 경우에 그에 따라 퇴직연금 계좌 납부액도 자동으로 늘어날 테니까요.

앞에서 이미 논의했듯이 최소한 적어도 총수입 중 한 시간 분에 해당하는 금액을 투자해야 합니다. 이를 퍼센트로 따질 경우 대략 총수입의 10%에 해당할 겁니다. 또 처음에는 낮게 시작했다가 천천히 점진적으로 투자 비율을 높여도 괜찮다는 점도 앞에서 이미 확인했지요. 그러니 지금 형편으로는 딱 1%밖에는 투자할 수 없다고 해도, 너무 낮다고 좌절하면서 포기할 필요는 없습니다. 아무것도 하지 않는 것보단 뭐라도 하는 게 나은 법입니다.

한 가지 더 권하자면, 부디 과감해지기 바랍니다. 지금 우리가 다루는 건 여러분의 미래에 대한 것입니다. 그러니 미래를 위해 자신에게 먼저 투자하기에 적절하다고 생각하는 비율보다는 좀 더 높게 잡으세요. 4%가 적당하다고 생각한다면 6%를, 10%를 감당할 수 있다고 여긴다면 12%를 투자하기 바랍니다. 우리들은 대부분 우리가 실제 해낼 수 있는 것보다 과소평가하는 경향이 있습니다. 그 때문에 우리는 종종 자기 자신을 싼값에 후려치기도 하죠. 심지어 우리의 미래까지도.

## 당신은 충분히 감당할 수 있다

사실 생각만큼 그 충격이나 부담이 과하지 않은 경우가 대부분입니다. 매킨타이어 부부의 딸 도나와 그녀의 남편 마크 이야기를 들어보면 그 이유를 이해할 수 있을 겁니다. 자신에게 먼저 투자하기의 효과를 자신들의 부모로부터 직접 체감한 도나는 부부의 총수입 중 10%를 퇴직연금에 투자하기로 했습니다. 둘의 수입을 합치면 대략 연간 5,000만 원이었기에 연간 투자액은 500만 원이어야 했지요.

남편 마크도 안정적인 미래가 필요하다는 생각에는 동의했지만 아내의 계획이 너무 과하다고 여겼죠. "지금 월급으로도 먹고살기 빠듯하잖아. 1년에 500만 원이나 지출을 줄이는 건 감당할 수 없다고. 연봉이 500만 원 깎이는 거나 마찬가지야."

그러자 도나가 반박했습니다. "아니 그렇지 않아. 세금 감면 투자를 이용하면 된다니까."

"그럼 당신 말은 500만 원을 아끼지 않아도 1년에 500만 원을 투자할 수 있다는 뜻이야?" 마크가 이상하다는 듯 물었죠.

"그렇지."

"음, 어디 한번 얘기 좀 들어보지."

그렇게 도나의 설명을 한동안 듣고 난 후 마크는 마침내 10% 투자에 도전하기로 결심하게 됐습니다. 여러분 역시 그렇게 되기를 바랍니다. 다음 도나의 설명을 들어볼까요.

"지금 우리가 버는 돈이 대충 5,000만 원이잖아?"

마크가 고개를 끄덕였습니다.

"근데 틀렸어. 이런저런 세금을 합하면 거기서 30%가 깎인다고. 그러니까 우리가 실제 손에 쥐고 처분할 수 있는 소득은 3,500만 원에 불과해. 그러면 여기서 500만 원을 우리에게 먼저 투자하면 그마저도 3,000만 원으로 줄어들겠지?"

이번에도 마크는 고개를 끄덕일 수밖에 없었죠. 방금 전보다는 좀 약하게.

"또 틀렸어. 생각해 봐. 우리가 자신에게 투자하는 금액은 정부에 세금을 내기 전 수입을 기준으로 하는 거야. 즉 제일 먼저 500만 원을 떼내는 거라고. 총수입 자체가 5,000만 원에서 4,500만 원으로 줄어드는 거지."

"하지만 그래도 여전히 500만 원을 투자하는 거잖아." 마크가 볼멘소리로 항의했죠.

"아직 내 말 안 끝났어. 계산해 보자고. 4,500만 원에서 세금 30%를 떼고 나면 가처분 소득(세금을 뗀 후 실제로 쓸 수 있는 소득-감수자)은 3,150만 원이 남아. 자신에게 먼저 투자를 안 했을 경우 앞에서 말한 가처분 소득은 3,500만 원이었지. 그러니까 둘의 차이는 350만 원인 거야. 500만 원이 아니라."

마크는 한참 동안 아내의 얼굴을 바라보면서 머리를 굴렸습니다. 그러고는 마침내 입을 열었죠. "아, 그렇구나. 우리는 500만 원을 저축하지만 소득은 350만 원만 줄어든다는 거지."

"맞았어. 그리고 1년에 350만 원이 과연 얼마나 많은 돈일까? 한 달에 29만 원 아끼면 되는 거야. 우리 둘이 각자 14만 5,000원인 거지. 하루에 5,000원도 안 되는 돈이야. 이 정도면 우리도 충분히 감당할 수 있다고 생각하지 않아?"

그렇게 10% 투자를 시작한 지 몇 달이 지나자 도나와 마크 부부는 자신들이 실제 손에 쥐는 돈이 전보다 얼마나 줄었는지 살펴보지 않게 되었습니다. 이들 부부의 사례는 아주 전형적이랍니다. 제가 보장하죠. 일단 자신에게 먼저 투자하기를 시작한다면, 한 달 안에 완전히 익숙해질 거라고 말입니다. 그 전과의 차이는 오직 자동 부자가 되는 길에 올라섰다는 기쁨에 기분이 더 좋아지는 것뿐일 겁니다. 재정 상태에 이 작은 변화 하나만 가해도 여러분의 운명이 완전히 뒤바뀌는 것이죠.

## 국내 세금 비율

우리나라의 국민부담률은 2013년 25.4%, 2014년 25.7%, 2015년 26.5%, 2016년 27.5%이다. 국민부담률은 조세수입에 사회보장기금(국민연금, 건강보험, 고용보험 등)을 합산한 수치를 명목 국내총생산(GDP)으로 나눈 비율이다. 대부분의 국가가 사회보장기금을 세금으로 함께 걷는다는 점을 감안해 조세수입과 사회보장기금을 더해 산출했다. (자료 : 한국납세자연맹)

## 최대치를 투자하라

이제 퇴직연금 가입을 마쳤다면 축하할 일이지만, 그렇다고 일이 다 끝난 건 아닙니다. 이제는 그 활용법을 고민해 봐야 하지요. 4%를 투자하고 있나요? '대부분' 그렇게 합니다. 그리고 안타깝게도 그 '대부분'은 가난한 채 은퇴하여 다른 가족들에게 얹혀살거나 복지 정책의 대상이 되는 저소득층으로 전락하죠. 그러니 여러분은 '대부분'이 되어서는 안 됩니다.

부자가 되는 가장 빠른 길은 투자를 최대로 올리는 겁니다. 현재 자신의 투자 계획에 맞게, 법에서 허용되는 최대치까지 투자하라는 것이죠. 현재 미국법상 허용되는 최대치는 아래와 같습니다.

| 미국 퇴직연금 납부 한도 | |
|---|---|
| 최대 허용액(50세 미만) | 최대 허용액(50세 이상) |
| 1,800만 원 | 2,400만 원 |

※2016년 이후부터 인플레이션을 고려해 50만 원씩 인상될 예정. (2018년 기준 50세 미만 납부 한도는 1,850만 원-옮긴이)

위의 표를 참고하되 회사의 담당 부서에도 직접 확인해 보세요. 만약 회사 전체의 가입률이 낮다면(그건 여러분 동료들이 자신에게 먼저 투자하지 않는다는 뜻이겠죠), 여러분의 퇴직연금 납부 한도도 낮아질 수 있습니다. 그러므로 이 표만 가지고 판단하면 안 됩니다. 바로 회사에 확인해 보세요. 그리고 매년 1월마다 납부 한도를 다시 체크해서 퇴직연금 제도가 허용하고 있는 최대의 효과를 누리고 있는지 확인해 봐야 합니다.

## 절대 저지르지 말아야 할 최대의 실수

자신에게 먼저 투자하기에서 가장 중요한 결정은 '얼마나 많은 금액을 퇴직연금 계좌에 자동으로 이체되도록 할 것인가'입니다. 이건 뒤에서 다룰 주택 구입을 포함해, 당신의 인생에서 부자가 될 수 있는지에 그 어떤 결정보다도 큰 영향력을 발휘하는 행동이죠.

이 점을 생각하면 투자에서 저지를 수 있는 최대의 실수가 무엇인지 파악하는 건 어렵지 않을 겁니다. 바로 '계획을 지키지 않고 최대치를 투자하지 않는 것'입니다.

부자 되는 일에 별 관심 없는 사람들은 아마 이렇게 얘기할 겁니다.

- "지금 내 급여에서 4% 넘게 저축하는 건 불가능해."
- "내 배우자가 퇴직연금에 가입돼 있으니 나까지 할 필요는 없겠지."
- "퇴직연금에 투자해봤자 별 쓸모가 없을 거야."
- "우리 회사는 퇴직연금에 더 얹어주지도 않으니까 나도 굳이 가입할 필요 없어."
- "결국 연금이 주식에 투자하는 건데 그건 바보짓이라고."
- "저축은 나중에 해도 되잖아."

하지만 부자 되는 걸 진지하게 여기는 사람이라면 이렇게 말하겠죠.

- "어떤 일이 있어도 난 나에게 먼저 투자하겠어."
- "수입에서 최소한 10%를 나에게 먼저 투자하고 퇴직연금의 최대한도까지 늘려가겠어."

- "배우자에게도 퇴직연금에 가입하라고 해야지."
- "만약 주식시장이 가라앉아도 퇴직연금에서는 싼값에 살 수 있는 거니 결국 괜찮은 거야."
- "내일을 위해 저축할 적기는 언제나 바로 오늘인 법이지!"

## 매킨타이어 부부의 친구들 이야기 : 5억 원의 차이를 낳은 결정

퇴직연금을 최대한도까지 납부해야 한다는 얘기를 제가 너무 앵무새처럼 반복한다고 느껴진다면, 이번에도 역시 매킨타이어 부부의 친구 부부들 이야기가 그 중요성을 이해하는 데 도움이 될 겁니다. 제게도 큰 영향을 끼친 이야기로, 처음 들은 이후 제 주변 사람들에게 계속 들려주는 중이지요.

우선 첫 번째 커플인 메릴린과 로버트 부부는 남편인 로버트의 직장 퇴직연금에 30년째 은퇴자금을 부어 왔습니다. 로버트가 다니던 정유회사가 가입한 퇴직연금 제도의 납부 한도는 급여의 15%였지요. 이들 부부는 그 허용치까지 납부하고 싶었지만 그만한 돈을 과연 퇴직연금에 넣으면서도 생활을 이어갈 수 있을지 확신하지 못했었습니다. 결국 그 필요성을 얘기해준 건 친구인 짐 매킨타이어였습니다. "로버트, 둘이서 하면 충분히 가능해. 당장은 좀 고생스러워도 나중엔 분명 그 결정을 감사히 여기게 될 걸세." 짐의 조언에 마음이 움직인 로버트는 급여의

15%를 퇴직연금에 넣기로 했습니다.

## '언젠가'는 결국 오지 않는다

한편 이들의 친구 래리와 코니 부부도 같은 문제로 고민하는 중이었죠. 래리도 로버트와 비슷한 직종이어서 수입도 거의 같았습니다. 하지만 이 부부의 결정은 달랐죠. 오랜 고민 끝에 그들은 래리의 수입 중 단 6%만을 퇴직연금에 투자하기로 했습니다. 단지 그 이상은 무리일 것 같다는 이유에서였죠. 이 부부는 '언젠가' 상황이 좋아져서 투자 비율을 높일 날이 올 거라고 생각했습니다.

그리고 20년이 훌쩍 지나 50대에 접어든 로버트와 래리는 모두 직장을 그만두게 되었죠. 하지만 로버트와 메릴린 부부는 별문제 없었습니다. 미리부터 은퇴 준비를 한 덕에 충분한 자금을 모아 두었던 겁니다. 실제로 퇴직연금을 최대치로 내왔던 로버트의 퇴직연금 계좌에는 9억 3,500만 원이라는 돈이 모여 있었습니다.

반면 래리와 코니 부부는 상황이 좋지 않았습니다. 결국 투자 비율을 높이지 못한 래리의 계좌에는 로버트보다 5억 원이 적은 4억 5,000만 원이 남아 있었죠. 은퇴할 수 없을 만큼 적은 돈은 아니지만 결코 로버트 부부만큼 풍족한 생활을 누릴 수는 없었습니다.

래리와 코니 부부의 사례에서 배워야 할 점은, 그들과 같은 실수를 저질러서는 안 된다는 겁니다. 퇴직연금을 최대치로 납부하겠다는 결정 하나가 훨씬 탄탄한 재정적 미래를 보장해 주는 거지요.

## 자동화+복리=부자

퇴직연금에 먼저 투자해야 하는 가장 큰 이유는, 세금 혜택이나 회사의 일부 추가 부담 때문보다도, 부를 축적하는 데 자동화가 가장 효율적이기 때문입니다. 일단 가입만 하면 저절로 이뤄집니다. 더 이상 다른 게 필요 없죠. 급여에서 퇴직연금 계좌로 납부금이 자동으로 이체되니까요. 자동으로 이뤄지는 프로세스이기에 오랫동안 지속할 가능성이 커지는 겁니다. 그리고 그럼으로써 완전히 이해하지는 못하더라도 누구나 그 이점을 누릴 수 있는 수학의 기적, 복리 이익을 얻을 수 있습니다.

간단히 말해서, 시간이 흐를수록 돈이 불어나고, 시간이 더 많이 흐를수록 돈도 더 많이 불어나는 겁니다!

제가 근거 없이 주장하는 게 아닙니다. 다음 표를 보면 적은 돈이라도 복리의 마법을 통해 꾸준히 투자하면 거액으로 불어난다는 걸 알 수 있지요. 한 달에 10만 원을 투자할 경우 기간과 수익률에 따라 돈을 얼마나 모을 수 있는지 확인하기 바랍니다.

복리가 어떤 효과를 내는지 봤나요? 40년 동안 매달 10만 원을 입금할 경우 총 투자액은 4,800만 원이지만 연간 6% 수익률을 가정할 경우 결과는 2억 원이 넘습니다. 투자액의 4배가 넘지요. 만약 12% 수익률을 낼 수 있다면 그 보상은 원금의 거의 25배에 달합니다.

한 달에 10만 원만 납부해도 복리 수익을 통해 놀라운 결과를 얻을 수 있다.

| 수익률(%) | 5년 | 10년 | 15년 | 20년 |
|---|---|---|---|---|
| 2% | 6,315,000원 | 15,593,000원 | 21,006,000원 | 29,529,000원 |
| 3% | 6,481,000원 | 14,009,000원 | 22,754,000원 | 32,912,000원 |
| 4% | 6,652,000원 | 14,774,000원 | 24,691,000원 | 36,800,000원 |
| 5% | 6,829,000원 | 15,315,300원 | 26,840,000원 | 41,275,000원 |
| 6% | 7,012,000원 | 16,470,000원 | 29,227,000원 | 49,435,000원 |
| 7% | 7,201,000원 | 17,409,000원 | 31,881,000원 | 52,397,000원 |
| 8% | 7,397,000원 | 18,417,000원 | 34,835,000원 | 59,295,000원 |
| 9% | 7,599,000원 | 19,497,000원 | 37,124,000원 | 67,290,000원 |
| 10% | 7,808,000원 | 20,655,000원 | 41,792,000원 | 76,570,000원 |
| 11% | 8,025,000원 | 21,899,000원 | 45,886,000원 | 87,357,000원 |
| 12% | 8,249,000원 | 23,234,000원 | 50,458,000원 | 99,915,000원 |

## 우리 회사가 퇴직연금 제도를 운용하지 않는다면?

이런 경우라도 포기하지는 마세요. 여러분 회사가 퇴직연금 제도를 지원하지 않는다고 해서 여러분이 부자가 될 수 없다는 뜻은 아닙니다. 단지 부자가 되기 위해 해야 할 일이 약간 많아지는 거죠. 하지만 걱정하지 않아도 됩니다. 그럴 경우 한 시간만 더 투자하면 그뿐입니다. 그리고 TV 보는 시간을 약간만 아껴도 한 시간은 충분히 낼 수 있을 겁니다. 하지만 그 한 시간이 인생을 바꿀 수도 있다는 걸 명심하세요.

| 25년 | 30년 | 35년 | 40년 |
|---|---|---|---|
| 38,947,000원 | 49,355,000원 | 60,856,000원 | 73,566,000원 |
| 44,712,000원 | 58,419,000원 | 74,342,000원 | 92,837,000원 |
| 51,584,000원 | 69,636,000원 | 91,678,000원 | 118,590,000원 |
| 59,799,000원 | 83,573,000원 | 114,083,000원 | 153,238,000원 |
| 69,646,000원 | 100,954,000원 | 143,183,000원 | 200,145,000원 |
| 81,480,000원 | 122,709,000원 | 181,156,000원 | 264,012,000원 |
| 95,737,000원 | 150,030,000원 | 230,918,000원 | 351,428,000원 |
| 112,953,000원 | 184,447,000원 | 296,385,000원 | 471,643,000원 |
| 133,789,000원 | 227,933,000원 | 382,828,000원 | 637,678,000원 |
| 159,058,000원 | 283,023,000원 | 497,347,000원 | 867,896,000원 |
| 189,764,000원 | 352,991,000원 | 649,527,000원 | 1,188,242,000원 |

## 개인 퇴직연금 계좌를 개설하라

IRA(개인 퇴직연금 계좌)는 수입이 있는 사람이라면 거의 누구나 은행, 증권회사나 온라인을 통해 개설할 수 있는 개인 퇴직연금 계좌입니다. 401(k)나 403(k) 같은 퇴직연금 제도와 마찬가지로 IRA 역시 순수한 투자 수단은 아닙니다만, 연간 최대 550만 원(50세 이상일 경우 650만 원)까지 납부할 수 있고 세금이 유예되지요. IRA를 개설할 경우 얼마나, 어떻게 투자할지 결정해야 합니다. (대부분 뮤추얼펀드에 투자하는데 이에 대해서는 나중에 다루겠습니다.)

# 국내 연금체계 소개 및 현황

연금은 크게 공적연금(국민연금 등), 퇴직연금, 개인연금 등 셋으로 나뉩니다. 1994년 세계은행이 제시한 은퇴 후 3층짜리 안전판 구축 개념을 따른 것입니다.

국민연금은 대한민국 국민 누구나 강제적으로 가입되는데, 월 기준소득의 9%를 적립합니다. 이 가운데 4.5%는 근로자가, 나머지 4.5%는 사용자(재직하는 기업)가 부담합니다. 퇴직연금은 연간 임금총액의 1/12(8.33%)을 사용자가 부담합니다.

국민연금과 퇴직연금으로 은퇴 후 안전판의 기본 틀을 잡고, 여기에 개인연금(누구나 필요하면 금융회사에서 가입 가능)을 추가해 보완하는 구도라고 보면 됩니다.

## 퇴직연금 기본 개념과 활용법

근로자가 가입하는 퇴직연금은 DB형(확정급여형)과 DC형(확정기여형), IRP(Individual Retirement Pension, 개인형 퇴직연금)가 있습니다. 퇴직연금에 대한 자세한 정보는 금융감독원 퇴직연금 종합안내(http://pension.fss.or.kr) 사이트를 참고하시기 바랍니다.

우리에게는 사실 퇴직금이 친숙합니다. 퇴직금은 1년 이상 근무한 근로자가 퇴사할 때 근무연수에 맞춰 기업에서 받는 일시금 형태의 퇴직연금입니다. 이 퇴직금은 법적으로 기업 장부에만 특정 근로자의 퇴직금이 어느 정도라고 적어만 놓고, 실제로 따로 적립하지 않아도 됩니다. 그래서 자금 사정이 넉넉하지 않은 기업에서는 근로자가 퇴직할 때 바로 퇴직금을 준비하지 못하는 경우가 있습니다.

퇴직연금은 이런 문제점을 해소하려고 도입한 제도입니다. 근로자 퇴직금을 기업이 외부 금융회사에 매달 실제로 적립하게 하는 것입니다. 2005년 12월에 부분적으로 도입됐고, 점차 적용 대상 기업이 늘어나고 있습니다.

이때 이 퇴직연금 운용지시를 근로자가 재직하는 기업이 맡아 하는 것은 DB형, 근로자 개인이 직접 하는 것은 DC형입니다. 직장인은 다니는 기업이 어떤 것을 선택했느냐에 맞춰 DB형이나 DC형에 들게 됩니다. 기업은 이 제도를 처음 도입할 경우 먼저 직원들과 어느 형태를 도입할 것인지 논의를 거칩니다. 이미 도입된 기업에 처음 입사하거나 이직한 경우에는 도입된 제도를 따르게 됩니다.

DB형 퇴직연금제도를 택한 기업의 근로자는 딱히 신경 쓸 것이 없습니다. 근속기간과 퇴직 시기의 연봉에 따라 최종 퇴직연금 규모가 정해지기 때문입니다. DB형은 대개 연봉이 높고 임금상승률도 높은 대기업이 많이 선택합니다.

DC형은 이와 달리 이직이 잦거나, 재테크 실력이 좋은 근로자에게 유리합니다. 회사에서 매달 입금해주는 근로자의 퇴직연금을 근로자가 얼마나 굴리느냐에 따라 퇴직급여가 달라지기 때문입니다. 가입자는 직접 자신의 퇴직연금을 운용할 운용사를 골라서 실적배당형, 원리금보장형 등 운용하는 방식도 정해야 합니다. DC형을 택한 근로자가 투자 지식을 열심히 공부해야 할 이유입니다.

**퇴직연금 제도 유형별 비교**

| | DB형<br>(회사책임형) | DC형<br>(근로자책임형) | 개인퇴직계좌 | |
| --- | --- | --- | --- | --- |
| | | | 기업형 IRP | 개인형 IRP |
| 개념 | 퇴직시 지급할 급여수준을 노사가 사전에 약정 | 기업이 부담할 기여금 수준을 노사가 사전에 확정 | 근로자는 일정 연령 도달하면 운용 결과 따라 퇴직급여 수령 | 근로자 직장이전시 퇴직연금 유지를 위한 연금통산 장치 |
| | 사용자가 적립금 운용방법 결정. 사용자는 근로자 퇴직시 사전에 약정된 퇴직급여 지급. | 근로자가 적립금 운용방법 결정 | | |
| | 계속근로기간 1년에 대하여 30일분의 평균임금에 상당하는 금액 이상 | 근로자는 일정연령에 도달하면 운용 결과에 따라 퇴직급여 수령 | | 퇴직일시금 수령자 가입 시 해당 일시금에 퇴직소득세 과세 이연 |
| | | | | 아래의 어느 하나에 해당하는 사람은 연간 1,800만 원 한도 이내 추가 불입 가능<br>1. 퇴직급여제도의 일시금을 수령한 사람<br>2. 확정급여형 또는 확정기여형 퇴직연금제도의 가입자<br>3. 자영업자, 계속근로기간 1년 미만 근로자, 주15시간 미만 근로자, 공무원, 군인, 교직원, 별정우체국 직원 |
| 연금수급 요건 | 연령 : 55세 이상   가입기간 : 10년 이상<br>연금수급 : 5년 이상 | | | 연령 : 55세 이상<br>연금수급 : 5년 이상 |
| 적합한 기업·근로자 | 도산 위험이 없고, 정년 보장 등 고용이 안정된 기업 | 연봉제 도입기업, 체불위험이 있는 기업, 직장이동이 빈번한 근로자 | 10인 미만의 영세 사업장 | 퇴직일시금 수령자 |

자료 : 금융감독원

136

IRP는 기업형과 개인형으로 나뉩니다. 기업형 IRP는 10인 미만 기업에서만 도입할 수 있습니다. DC형과 유사합니다. 개인형 IRP는 근로자가 은퇴나 이직을 하려고 퇴직할 때 수령하는 퇴직급여와 가입자 개인의 추가납부액을 적립해 운용하는 퇴직연금입니다.

## ▌목돈 퇴직금을 연금으로 바꿔주는 IRP

DB형 퇴직연금제도를 도입한 기업에 다니면 재테크 공부를 안 해도 될까요? 그렇지 않습니다. DB형이든 DC형, 기업형 IRP든 어차피 퇴사 후 받은 퇴직연금을 스스로 굴려야 하거든요.

퇴직연금을 적립하던 근로자가 퇴직하면 그동안 쌓인 퇴직연금은 의무적으로 IRP라는 개인형 퇴직연금계좌로 이전됩니다 (2012년부터 의무화. 단 300만 원 이하 또는 55세 이상 퇴직 시 제외). 그동안 모은 퇴직연금을 넘겨받은 IRP계좌에 근로자가 계속 연금을 불입해서 굴려도 되고, 바로 해지해서 목돈을 찾아도 됩니다. 퇴직연금을 찾는 과정이 이렇게 번거로운 것은 될 수 있으면 일시금으로 찾기보다 나중에 은퇴 후 연금으로 나눠 받기를 권장한다는 정부의 의도가 반영된 것입니다.

퇴직연금제도를 도입하지 않은 기업의 근로자는 퇴직할 때 일시금으로 나오는 퇴직금을 바로 개인 계좌로 받기도 하지만, 새로 IRP 계좌를 터서 받을 수도 있습니다. 즉 뭉칫돈 퇴직금을 연금으로 나눠 받을 수 있도록 바꿔주는 계좌가 바로 IRP입니다.

IRP는 근로자, 자영업자, 공무원 등 수입이 있는 사람은 누구나 가입할 수 있습니다. 원래는 DB형과 DC형 등 퇴직연금에 가입한 근로자만 가입할 수 있었는데, 2018년 7월 26일부터 소득이 있는 사람 모두에게 허용됐습니다. 구체적으로는 '자영업자, 퇴직금 제도 하의 근로자, 근속기간 1년 미만 근로자, 공무원, 군인, 교사 등 안정적인 노후소득이 필요한 사람'으로 정의돼 있습니다.

### ▌퇴직연금을 일시금보다 연금으로 받아야 할 이유는?

퇴직할 때 퇴직연금을 일시금보다 연금으로 나눠 받으면 좋은 점으로 크게 두 가지를 꼽을 수 있습니다. 첫째는 퇴직금이 들어오면 노후자금임에도 불구하고 다른 곳에 쓸 위험이 있다는 점, 둘째는 일시금보다 연금으로 나눠 받을 때 세금이 더 적다는 점입니다.

퇴직금 또는 퇴직연금을 목돈으로 받으면 노후자금으로 굴리지 못하고 다른 곳에 야금야금 써버리기 쉽습니다. 자녀 결혼 비용으로 쓴다든가 가족과 친지에게 빌려준다든가 사업자금으로 나갈 수 있죠. 하지만 연금으로 매달 쪼개서 일정액을 받게 되면 그럴 위험이 없습니다. 일정액의 생활자금이 매달 꼬박꼬박 들어오는 안정감이야말로 연금의 최대 장점입니다.

아울러 퇴직 후 IRP 계좌로 퇴직금을 이체해 55세 이후 연금으로 수령하면, 일시금으로 받을 때 부과되는 퇴직소득세를 30%

줄일 수 있습니다. 퇴직금을 일시금으로 받으면 퇴직금 규모와 근속기간에 따라 0~28.6% 세율로 퇴직소득세를 납부해야 합니다. 이와 달리 IRP계좌로 이체해 나중에 연금으로 받으면 위 퇴직소득세율의 70%만 연금소득세로 내면 됩니다.

이미 퇴직금을 일시금으로 받았어도 60일이 지나지 않았다면 이미 납부한 퇴직소득세를 돌려받을 수 있습니다. 금융회사에서 IRP 계좌를 개설한 다음 이미 수령한 퇴직금을 이체하면 퇴직한 회사에서 원천징수한 퇴직소득세를 IRP계좌에 입금해 줍니다. 퇴직금 중 일부를 사용하고 남은 금액만 IRP에 입금할 수도 있는데, 이때는 퇴직소득세도 입금비율에 맞춰 돌려줍니다.

IRP에는 근로자 본인이 연금을 추가 납부할 수 있습니다. 연 1,800만 원까지 가능하고(연금저축 납부액 포함), 연말정산할 때 납부한 금액 내에서 700만 원까지 세액공제를 신청할 수 있습니다. 세액공제 한도액 700만 원을 초과해 납부한 1,100만 원은 세액공제 혜택이 없으나, 소득세 절감효과를 얻을 수 있습니다.

국민연금연구원 자료에 의하면 2016년 말 기준으로 퇴직연금제도를 도입한 국내 사업장은 전체 사업장의 26.9%입니다. 이는 퇴직연금제도 하에 있는 근로자가 전체 근로자 10명 중 3명 정도이고, 나머지 7명은 기존 방식대로 퇴사할 때 목돈으로 퇴직금을 받는다는 의미입니다. 따라서 퇴직연금제도 하에 있는 근로자는 재직하는 회사별로 DB형, DC형, 기업형 IRP에 적절히 대응하고, 퇴직 후에는 IRP로 넘어온 퇴직연금을 잘 관리해야 합니다. 또 퇴직금을 일시금으로 받는 근로자도 개별적으로 IRP 계좌를 만들고 퇴직금을 이체해서 연금으로 운용하면 됩니다.

## ▮ 재테크 잘 모르면 퇴직연금 어떻게 굴리나?

근로자가 퇴직 후 퇴직연금이나 퇴직금을 나중에 연금으로 받으려고 일단 IRP에 이체했는데 재테크 지식이 부족한 경우에는 어쩌면 좋을까요? 혹은 우리 회사가 DC형 퇴직연금 제도를 도입해서 어쩔 수 없이 재테크를 잘 모르는 내가 직접 퇴직연금을 굴려야 하는 경우도 있겠죠?

이럴 때는 전문가가 알아서 자산을 분배해 굴려주는 TDF<sup>Target Date Fund</sup>를 활용할 수 있습니다. TDF는 생애주기펀드라고도 하는데, 은퇴 시점을 감안해 연령대별로 투자자산을 자동 분배해 수익성과 안정성을 동시에 추구하는 펀드입니다. 가입자 은퇴 시기가 한참 먼 투자 초반에는 위험자산인 주식 비중을 늘려 수익성을 높이고 은퇴 시기가 가까워지면 채권 같은 안전자산 비중을 높여 안정적으로 굴리는 것이 특징입니다.

## ▮ 퇴직연금 중도인출은 어떻게?

퇴직연금은 노후자금이므로 가급적 중도인출을 피해야겠지만, 살다 보면 중간에 퇴직연금을 꼭 찾아야 할 경우가 있습니다. 현행법에서는 주택구입, 전세금 부담, 요양비, 천재지변으로 인한 피해 등으로 필요하다면 중도인출을 허용합니다. 또 퇴직연금

담보대출은 인출 한도를 적립금 50% 이내로 하지만, 중도인출은 적립금 전액을 인출할 수 있습니다. 단 IRP는 중도해지를 하면 세제혜택 받았던 납부금액과 운용수익에 16.5%의 기타소득세를 내야 합니다.

## ▌퇴직연금 수익률, 지금은 낮지만 개선 기대감 크다

퇴직연금 수익률이 너무 낮다는 우려가 적지 않습니다. DB형, DC형, 기업형 IRP, 개인형 IRP 등 전체 유형 퇴직연금을 통합해 산출한 연도별 연간 수익률은 실제로 2015년 2.2%, 2016년 1.6%, 2017년 1.9%에 그쳤습니다(금융감독원 자료). 국민연금의 2017년 수익률 평균 7.3%와 비교해 봐도 격차가 5.4%p나 됩니다.

이렇게 수익률이 낮다 보니 국내에서는 퇴직연금 불신 분위기가 있습니다. 하지만 앞으로 이런 상황이 개선될 것으로 기대됩니다. 정부가 국민의 주요 노후자금 중 하나인 퇴직연금의 수익률 개선책 마련에 나섰기 때문입니다.

금융위원회가 2018년 5월 23일에 발표한 '퇴직연금 수익률 향상 방안'을 보면 ▲일정 조건을 충족하는 TDF는 퇴직연금 자산 투자한도를 100%까지 허용 ▲부동산에 투자하는 상장된 리츠REITs로 퇴직연금 운용 허용(DB형에만 허용) ▲퇴직연금이 투자하는 원리금 보장상품에 금리가 시중은행보다 높은 저축은행 예금과 적금도 포함 등이 있습니다. 2018년 9월까지 관련 규정을 개정할 예정입니다.

TDF의 경우 지금까지는 퇴직연금으로 최대 70%만 투자할 수 있었습니다. 이제 투자한도를 100%로 늘릴 수 있게 되는 TDF 펀드의 수익률은 어느 정도일까요? 2018년 6월 25일 기준 주요 자산운용사의 TDF 상품별 수익률을 보면, 각 사별 TDF 펀드 설정 후 평균수익률은 삼성자산운용 13.3%, 미래에셋자산운용 10.0%, 한국투신운용 9.9%, 하나UBS자산운용 5.1%, KB자산운용 3.0%, 한화자산운용 0.3%, 신한BNP파리바자산운용 3.1%, 키움투자자산운용 -0.98% 등입니다(에프엔가이드 자료).

정부와 금융권의 퇴직연금 수익률 개선 노력이 가시화하고 있는 만큼, 앞으로 수년간 적립될 퇴직연금은 과거보다 더 나은 수익률을 낼 가능성이 클 것으로 기대됩니다.

정부에서는 퇴직연금의 수익률 외에도 ▲운용지시 간소화 ▲퇴직연금 전용상품 플랫폼(가칭) 구축 ▲수익률 및 수수료 비교공시체계 개선 ▲적립금운용현황보고서 표준서식 마련 등도 추진하고 있습니다(금융감독원 2018년 7월 17일 발표). 2019년 말까지는 이 같은 혁신안 도입을 마무리할 계획입니다.


### 개인연금 기본 개념과 활용법


## ▌퇴개인연금: 연금저축+연금보험

개인연금은 개인이 필요하다고 생각하면 별도로 가입할 수 있는 사적 연금입니다. 크게 연금저축과 연금보험으로 나뉩니다.

연금저축은 은행, 증권사, 보험사 모두에서 가입할 수 있습니다. 은행에서 가입하면 연금저축신탁, 증권사에서 가입하면 연금저축펀드, 보험사에서 가입하면 연금저축보험입니다. 최소한 5년 이상 납부하고 만 55세 이후 연금으로 받을 수 있는 노후 대비형 금융상품입니다. 연금저축은 연말정산할 때 납부금액(퇴직연금과 합산해 최대 700만 원)의 13.2%를 세액공제 받을 수 있는 장점이 있습니다.

연금보험은 연금형 보험상품으로, 보험료를 미리 적립해 은퇴시기에 일정액을 노후생활비로 받는 보험상품입니다. 보험사의 연금저축인 '연금저축보험'과 헷갈리기 쉬운데, 엄연히 다른 상품이므로 유의해야 합니다.

연금저축보험을 포함한 모든 연금저축은 세액공제 혜택이 있지만, 연금보험(연금형 보험상품)은 세액공제 대상이 아닙니다. 그대신 이자소득에 비과세 혜택이 있습니다. 다만 연금보험으로 이자소득 비과세 혜택을 받으려면 일시납이든 월납이든 가입 기간이 10년 이상이어야 하고, 특히 월납 상품은 납부 기간이 5년 이상이어야 합니다.

# 퇴직연금 납부액을 굴리는 방법

지금까지 퇴직연금 납부의 중요성과 방법에 대해 살펴봤으니 이제부터는 퇴직연금 계좌에 납부한 돈을 어떻게 굴릴 것인지 알아보기로 하지요. 계좌에 납부된 돈을 어디에 어떻게 투자할 것인지 선택할 차례입니다. 퇴직연금 계좌 자체는 단지 납부액을 담아두는 그릇일 뿐, 그 돈이 얼마나 빨리 불어나는지는 여러분의 결정에 달려 있습니다. 그에 따라 수익률이 1%가 될 수도, 10%가 될 수도 있지요. 퇴직연금의 투자는 도박처럼 위험을 무릅쓰기보다는 현명하게 할 필요가 있습니다.

이때 가장 좋은 방법은 '한 바구니에 달걀을 모조리 담아 두지 말라'는 오랜 격언을 따르는 겁니다. 즉 한두 곳에 몰아서 투자하지 말고 다양하게 분산투자를 하라는 거죠. 그렇다고 여러 금융기관에 퇴직연금 계좌를 여러 개 개설하라는 뜻은 아닙니다. 여기서 분산투자란 주식, 채권, 현금성 자산 등으로 투자 포트폴리오를 다양화시킨다는 의미지요. 이를 어렵게 생각하는 사람들도 있습니다만, 전혀 그렇지 않습니다.

## 투자 피라미드의 힘

제가 '자동 부자의 투자 피라미드'라고 부르는 다음 표를 보면 돈을 어디에 얼마나 투자해야 할지 판단하는 데 도움이 될 겁니다. 여기에는 두 가지 간단한 원칙이 있지요. 첫째는 '현금, 채권, 주식에 분산투자하라'는 것이고, 둘째는 '상황이 바뀌면 투자 비율도 바꿔야 한다'는 겁니다.

이 피라미드는 시작 시기부터 돈 버는 시기, 은퇴 준비 시기, 은퇴 시기까지 4가지 단계로 나누어져 있습니다. 단계마다 인생의 우선순위와 목표가 다르므로 분산투자를 하는 비율 또한 달라야겠지요.

각 단계마다 피라미드는 납부액을 5가지 투자 대상 중 얼마의 비율로 투자하는 것이 좋을지 제시합니다. 가장 위험이 적은 순서대로 보자면 현금, 채권, 성장&수익형 상품, 성장형 상품, 공격적 성장형 상품 순이죠.

피라미드의 아래쪽에는 가장 안전한 투자 대상인 현금과 채권이 있습니다. 여기서 위로 올라갈수록 성장&수익형, 성장형, 공격적 성장형 상품으로 위험도가 높아집니다. 우선 안전한 대상에 대한 투자를 바탕으로 연령대에 맞게 위험도가 높은 대상들의 투자 비율을 정하는 식이죠. 젊을수록 주식시장의 하락세나 불경기의 영향을 복구할 수 있는 시간적 여유가 있으므로 좀 더 많은 위험을 감수할 수 있고, 이미 은퇴한 경우에는 정반대라고 생각하면 됩니다. 이 원칙은 아주 간단하면서도 실질적으로 효과가 있습니다.

이 투자 피라미드를 퇴직연금을 활용하는 가이드로 삼길 바랍니다. 자신의 상황에 딱 맞는 위험도에 해당하는 주식이나 채권을 하나하나 찾기보다는, 뮤추얼펀드나 지수연동형 펀드$^{ETF}$에 투자하는 방식을 권합니다. 이런 펀드들은 전문적 자금 관리와 분산투자 효과를 얻을 수 있고, 투자가 간편하면서도 비교적 소액으로도 시작할 수 있다는 장점이 있으니까요.

## 투자할 만한 펀드 유형

**자산배분형 펀드**ASSET ALLOCATION FUNDS 주식, 채권, 부동산, 원자재 등 2개 이상 다양한 자산에 분산투자하되 시장 상황에 맞춰 자산별 투자 비중을 조절할 수 있는 금융상품. 자산운용사에서 설계한 자산배분 모델을 따라 국가별, 자산별로 나눠 투자하고 시장 상황을 보면서 다양한 자산군의 투자 비중을 조절하는 펀드.

**혼합형 펀드**BALANCED FUNDS 채권형 또는 주식형이 아닌 상품으로 채권 또는 주식 투자비율이 60% 미만인 펀드. 주식과 채권을 효율적으로 배분해 수익성과 안정성을 동시에 추구한다. 채권혼합형(채권 비중 50% 이상), 주식혼합형(주식 비중 50% 이상)으로 나뉜다.

**생애주기형 펀드**TARGET DATED FUNDS 약칭은 TDF. 은퇴 시점을 감안해 연령대별로 투자자산을 자동 분배해 수익성과 안정성을 동시에 추구하는 펀드. 가입자 은퇴 시기가 한참 먼 투자 초반에는 위험자산인 주식 비중을 늘려 수익성을 높이고 은퇴 시기가 가까워지면 채권 같은 안전자산 비중을 높여 안정적으로 운용한다.

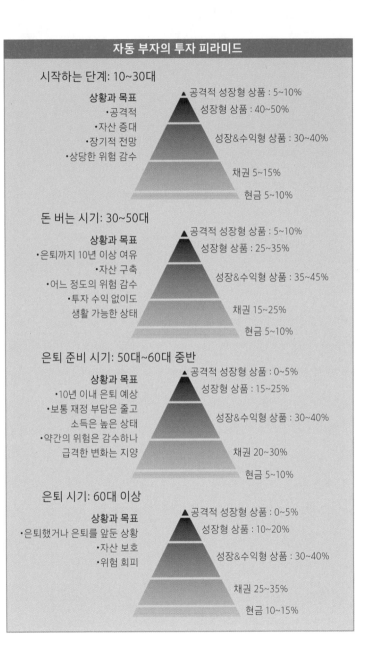

## 자동 부자의 투자 피라미드

### 시작하는 단계: 10~30대

**상황과 목표**
- 공격적
- 자산 증대
- 장기적 전망
- 상당한 위험 감수

▲ 공격적 성장형 상품 : 5~10%
성장형 상품 : 40~50%
성장&수익형 상품 : 30~40%
채권 5~15%
현금 5~10%

### 돈 버는 시기: 30~50대

**상황과 목표**
- 은퇴까지 10년 이상 여유
- 자산 구축
- 어느 정도의 위험 감수
- 투자 수익 없이도
  생활 가능한 상태

▲ 공격적 성장형 상품 : 5~10%
성장형 상품 : 25~35%
성장&수익형 상품 : 35~45%
채권 15~25%
현금 5~10%

### 은퇴 준비 시기: 50대~60대 중반

**상황과 목표**
- 10년 이내 은퇴 예상
- 보통 재정 부담은 줄고
  소득은 높은 상태
- 약간의 위험은 감수하나
  급격한 변화는 지양

▲ 공격적 성장형 상품 : 0~5%
성장형 상품 : 15~25%
성장&수익형 상품 : 30~40%
채권 20~30%
현금 5~10%

### 은퇴 시기: 60대 이상

**상황과 목표**
- 은퇴했거나 은퇴를 앞둔 상황
- 자산 보호
- 위험 회피

▲ 공격적 성장형 상품 : 0~5%
성장형 상품 : 10~20%
성장&수익형 상품 : 30~40%
채권 25~35%
현금 10~15%

다양한 상품들이 혼합된 뮤추얼펀드(혼합형 펀드, 자산배분형 펀드 등)에 투자하면 무엇이 성장형이고 공격적인지, 또는 채권과 주식의 투자 비율이 적정한지 굳이 고민할 필요가 없습니다. 또한 은퇴에 대비한 펀드나 생애주기별 맞춤형 펀드 등이 운영 중이므로 자신의 상황에 맞는 뮤추얼펀드를 고르면 훨씬 안전하면서도 편하게 퇴직연금 투자를 실행할 수 있지요.

## 투자는 단순한 것이 최고다

퇴직에 대비하는 돈 전부를 하나의 펀드에 투자하라는 것이 너무 단순해서 믿음이 가지 않는다는 사람도 있습니다. 심지어 지루해서 싫다는 사람도 있더군요. 하지만 오랫동안 재테크 전문가로, 투자자로, 자산 관리 코치로 살아오면서 저는 경기가 아주 좋았던 때부터 최악이었던 때까지 모두 봐 왔습니다.

그리고 그 과정에서 어떤 시기든 좋은 실적을 내는 투자자가 되기 위한 진정한 비결을 하나 배울 수 있었지요. 그건 바로 '자금 관리는 지루해야 한다!'는 겁니다. 그리고 실제로도 이 지루해 보이는 투자가 실적을 냈습니다. 한 언론 보도에 따르면 저 단순해 보이는 맞춤형 뮤추얼펀드에 몰린 자금이 6,500억 달러(약 700조 원)가 넘는다고 하지요.

앞에서 제시한 자동 부자의 투자 피라미드에 따라 투자한다면, 물론 전문적으로 관리되고 잘 분산된 포트폴리오를 구축할 수 있을 겁니다. 하지만 여러분에게 적합하도록 포트폴리오가 분산된 하나의 혼합형 펀드나 자산배분형 펀드를 선택하고, 그에 대한 투자를 자동화한다면, 정말 제대로 '지루한' 인생을 살 수 있을 겁니다. 여러분의 돈이 완벽히 분산투자되고 전문적으로 관리되므로, 재테크도 따로 손댈 필요 없이 저절로 이뤄질 테니까요.

물론 이렇게 되면 사교 모임에서 사람들이 저마다 어떻게 돈을 투자하는지에 대해 수다를 떨 때 별로 할 말이 없게 되는 부작용이 있을 겁니다. 정말 단순하고 잘 분산된 투자 포트폴리오를 가졌다고 굳이 떠벌릴 필요가 없죠. 그러니 그런 모임을 위한 다른 얘깃거리를 찾아야 하겠지요. 하지만 정말 그럴 수 있다면, 모임에서 할 말 없는 게 인생의 가장 큰 고민거리인 삶을 살고 싶지 않은가요?

## 경기가 나쁠 때 재산을 지키는 법

자동 부자의 투자 피라미드 방식을 따르든 하나의 뮤추얼펀드로 통일하든, 분산투자해야 하는 이유는 경기가 나쁠 때 투자액을 지키기 위함입니다. 2000년부터 2002년 사이 최악의 증시 상황 속에서도 분산투자는 그 효력을 발휘했죠. 당시 주식에만 투자한 경우는 거의 절반의 손실을 봤지만, 주식과 채권 등에 분산투자한 경우엔 거의 손실을 보지 않았습니다. 다음 도표는

※ 출처 : 블룸버그, 1만 달러로 시작한 분산투자 포트폴리오(투자 비율은 아래와 같음) (25% S&P 500, 25% S&P SmallCap 600, 25% Barclay's U.S. Aggregate Government/ Corporate Bond Index, 25% Barclay's U.S. Government T-Bills Index, Rebalanced Annually.)

2007~2009년 금융위기와 그 이후 2015년 말까지의 증시 상황을 보여줍니다. 만약 주식시장의 붕괴로 인해 모든 것을 잃을까 두려워 퇴직연금 투자가 꺼려졌다면, 이 도표를 보면서 반드시 분산투자를 택해야 하는 이유를 더 절실하게 느낄 수 있을 겁니다.

## 절대 잊지 말아야 할 단 한 가지

매킨타이어 부부가 부자가 될 수 있었던 것은 의지력이 강해서 퇴직연금 계좌에 2주에 한 번씩 돈을 입금했기 때문이 아닙니다. 그들도 여러분과 마찬가지로 바쁘고 정신없는 삶을 살아왔으니까요. 만약 퇴직연금을 매번 별도로 입금해야 했다면 그들은 여전히 월급으로 근근이 먹고살고 있을지도 모릅니다. 그 부부를 부자로 만들어준 건 미래를 위한 투자를 '자동화'하기로 한 결심이었습니다. 그러니 만약 지금 여러분의 재테크가 자동화되어 있지 않다면, 반드시 바꿔야 합니다.

또한 적어도 수입의 10%를 세금이 유예되는 퇴직연금에 내고 있지 않다면, 그 역시 개선해야 할 사항입니다. 퇴직연금 납부액을 늘리지 않으면, 다른 사람들에게 의지하지 않으면 꾸려나가기 힘든 형편으로 미래를 살아야 할 수 있습니다. 이제는 그보다 더 나은 삶을 보장할 수 있는 방법을 배웠습니다. 설령 너무 급하지 않게, 차근차근 퇴직연금 투자를 늘리겠다고 마음먹었더라도 어쨌든 실행에 옮기는 것이 중요합니다.

은퇴를 계획하는 일은 어떤 식으로 결정하느냐에 따라 쉬울 수도, 어려울 수도 있습니다. 지금까지 배운 대로 실천한다면 분명 쉬우면서도 효과적으로 은퇴 계획을 세울 수 있을 겁니다.

# 자동 부자들의 행동 수칙

은퇴 후 걱정 없이 살고 싶다면 지금 당장 해야 할 일들입니다.

☐ 직장 퇴직연금에 가입하라.

☐ 직장에서 퇴직연금을 시행하지 않는다면, 개인형 퇴직연금에 가입하라.

☐ 매달 퇴직연금 계좌에 얼마를 낼지 결정하라(가능하다면 한도액까지 납부하라).

☐ 퇴직연금 납부액의 투자 방법을 결정하라.

☐ 어떤 종류의 퇴직연금에 가입했든, 어떤 식으로 투자하든, 가장 중요한 것은 '자동화'라는 것을 잊지 말라.

자, 다음으로 만일의 사태에 대비해 재정적인 안정을 모색하는 방법을 알아보도록 합시다.

제
5
장

비상금이 저절로
모이는 비법

돈이 수중에 들어오기 전까진 절대로 쓰지 마라.

토마스 제퍼슨

# 당신은 밤에 마음 푹 놓고 잘 수 있는가

이 책을 읽은 덕분에 단지 '자신에게 먼저 투자하기'와 '자동화'만 결심할 수 있다고 해도, 여러분은 다른 사람들 대다수보다 훨씬 나은 삶을 살 수 있을 겁니다. 주변의 친구나 지인 중에서, 과연 은퇴 후에도 돈 걱정할 필요 없는 미래를 지금부터 준비하고 있는 사람이 과연 몇이나 되나요? 아마 거의 없을 겁니다. 하지만 지금 당장은 어떤가요? 현재의 자신이 과연 재정적으로 보장돼 있다고 할 수 있나요?

이번 장에서는 두 가지 기본적인 질문, 비상사태에 대비하기 위해서는 돈을 얼마나 모아야 하는지, 또 그 돈을 어떻게 관리해야 하는지에 대해 다룰 겁니다.

솔직히 말해 봅시다. 아무리 계획을 잘 세우거나 긍정적으로 생각해도, 미처 손 쓸 새도 없이 일이 틀어질 때가 있기 마련이지요. 그것도 아주 심각한 상황에 처할 때도 있습니다. 직장이나 건강, 혹은 배우자를 잃게 될 수도 있고, 경기가 나빠지거나 주식시장이 붕괴되거나 사업이 망할 수도 있죠. 상황은 변하게 마련입니다. 인생은 예기치 못한 변화로 가득하다는 것만이 변하지 않는 진실이지요. 언제든 일은 벌어지게 돼 있습니다.

이런 변화를 걱정만 하는 사람이 있는가 하면, 미리 대비하는 사람도 있지요. 자동 부자가 되고자 하는 당신이라면 마땅히 대비하는 쪽이어야 합니다. 그래야 설혹 생각지도 못한 사고를 당하더라도 자신에게 먼저 투자한 돈을 빼서 쓰거나 미래를 담보로 돈을 빌리지 않을 수 있죠.

다음은 실제 벌어질 수 있는 변화에 자신이 과연 얼마나 대비하고 있는지 바로 확인할 수 있는 간단한 테스트입니다.

---

**'지금 나는 밤에 푹 잘 수 있을까' 테스트**

현재 나의 한 달 지출액(생활비) : _____ 원

지금 내 통장에 들어 있는 돈(당장 사용 가능한 금액) :

_____ 원

현재 내 통장에는 _____ 달치 생활비가 들어 있다.

---

지금 펜을 들고 빈칸을 채워 보면, 자신이 현재 어떤 상태인지 바로 알 수 있습니다. 그렇다고 아주 정확한 수치를 적으라는 건 아닙니다. 대략 자신이 한 달에 얼마나 쓰는지, 또 지금 통장에 얼마가 들어 있는지 생각해 본 후 현재 가진 돈으로 몇 달을 버틸 수 있는지 파악하면 됩니다.

자, 그럼 결과가 어떻게 나왔나요?

2장에서도 얘기했듯이 최근 통계에 따르면 미국인들의 평균 저축액은 3개월 치 생활비 미만이라고 합니다. 또한 제가 재테크 전문가로서 개인적으로 겪은 바로는 대부분의 사람들이 보유한 저축은 그에도 미치지 못하는 경우가 많았습니다. 할부로 뽑은 새 차를 몰고 다니며 사소한 소비를 제어하지 못하는 사람이라면 통장에 한 달 치 생활비를 가지고 있기도 어렵겠죠.

미국에서는 개인 파산자의 수가 점차 증가해서 이제는 해마다 평균 100만 명을 넘어서고 있습니다. 게다가 미래에는 상황이 더욱 심각해질 가능성이 큽니다. 그 이유는 뭘까요? 답은 간단합니다. 우리의 부모 세대와는 달리 현재 우리는 비상금을 정기적으로 충분히 유지하지 않고 있기 때문이죠. 그보다는 말 그대로 한 달 벌어 한 달 먹고 살기 바쁩니다. 부부 4쌍 중 3쌍이 맞벌이인 미국의 경우, 이중 한 명이라도 직장을 잃으면 그 가정이 파산하는 데는 채 6개월이 걸리지 않을 겁니다.

## 한국인의 월평균 소득과 소비지출은?

2017년 우리나라 가구당 월평균 소득은 581만 원이며 월평균 소비지출은 254만 원이다. 소비는 전체 소득의 43.7%였다. 또한 저축·보험료·대출상환액 등 비소비지출은 월평균 378만 원으로 전체 소득의 65.1%였다. 특히 연령과 소득수준이 낮을수록 노후 대비용 저축 비율이 낮아지는 편이었다. (자료: 메트라이프 코리아재단·보험연구원. 20~69세 전국 2002개 가구 대상 조사)

# 비상금은 안전벨트와 같다

이런 일이 벌어지지 않기 위해서는 비상금 역시 '자동적'으로 모으는 것이 필요합니다.

제 할머니는 제게 말씀하시곤 했죠. "데이비드, 고달플 때일수록 현금이 최고란다." 할머니의 말씀은 언제나 옳았습니다. 현금이 '왕'이고, '안전'이고, '보호막'이죠. 현금은 무조건 확보해야 할 '첫 번째 옵션'입니다.

현금은 안전벨트와 같은 겁니다. 누구든 차를 몰고 나갈 때는 사고가 날 것이라 생각하지 않죠. 그럼에도 안전벨트를 매는 이유는, 다른 누군가가 내 차를 박을 수도 있고, 또 어쨌든 인생에선 뭔가 예기치 못한 일이 벌어지게 마련이기 때문입니다.

돈에 관해서도 마찬가지입니다. 자신이 직장에서 잘리거나, 불구가 되거나, 화재로 집을 잃을 거라 생각하고 사는 사람은 아마 아무도 없을 겁니다. 하지만 방금 말했듯, 인생은 알 수 없지요. 언제나 그래 왔고, 또 앞으로도 그럴 겁니다. 하지만 항상 걱정만 하고 살 수는 없는 노릇입니다. 인생의 불확실성에 맞서 재정적으로 자신을 보호할 수 있는 방법이 있습니다. 바로 돈이란 보호막을 주변에 둘러치면 됩니다.

# 비상금을 모을 때 생각해야 할 3가지

첫째, 자신에게 얼마나 큰 보호막이 필요할지 결정하라.

진정한 자동 부자가 되기 위해서는 3개월 치 생활비는 현금으로 갖고 있어야 한다고 저는 생각합니다. 현재 자신이 한 달 생활비로 쓰고 있는 돈을 추정한 후, 거기에 3을 곱하면 비상금으로 얼마를 모아야 할지 알 수 있죠.

만약 한 달 생활비를 300만 원 쓰고 있다면 적어도 비상금으로 900만 원은 마련해 둬야 한다는 말입니다. 그런데 여기서 더 모아야 하냐고요? 물론입니다. 제가 쓴 다른 책에서 저는 상황에 따라 최소 3개월에서 최대 24개월 치 생활비를 모아두라고 얘기한 바 있습니다. 비상금의 규모는 자신이 '밤에 푹 자기' 위해서 얼마가 필요한지에 달렸습니다. 3개월 치는 그야말로 기본이고, 그것으로 부족하다고 느낀다면 자신이 안심할 수 있는 수준까지 비상금을 가지고 있어야 하지요.

요즘처럼 경제적으로나 정치적으로 불안한 시기에는 1년 치 생활비라면 충분히 훌륭한 목표액이 될 수 있을 겁니다. 그 정도 돈이라면 설사 실직을 하고 당장 마땅한 일자리를 찾지 못한다 해도 크게 걱정할 필요가 없겠죠. 더욱 중요한 건, 이 1년 치의 보호막이 있으면 자신의 인생에 대해 결정할 수 있는 자유를 얻을 수 있다는 겁니다. 예를 들어 현재의 직장이 도저히 마음에 들지 않는다면, 그곳을 벗어나 새로운 커리어를 구축할 위험을 감수할 수 있죠.

둘째, 비상금에 손대지 마라.

대부분의 사람들이 비상금을 모으지 못하는 이유는 매달이 비상사태라고 여겨서 비상금이라고 할 만한 돈까지 다 써버리기 때문입니다. 비상금을 회사 건물 벽에 설치된 소화전이라고 한번 생각해 보세요. 소화전에는 보통 "비상시에 유리를 깨시오"라고 적혀 있지, "연기 냄새가 난다고 생각하면 유리를 깨시오"라고 쓰여 있지는 않지요. 비상금도 마찬가지입니다.

상상해 봅시다. 비상금을 담아둔 상자에 "파티에 입고 갈 옷이 필요할 때", "골프채가 세일 중일 때", "지금 쓰는 세탁기에서 덜덜거리는 소리가 날 때" 꺼내 쓰라고 적혀 있나요? 아닙니다. 거기엔 "진짜 비상시가 아니면 절대 건드리지 말 것"이라고 쓰여 있지요.

그럼 '진짜 비상시'란 어떤 때일까요? 여기선 자신에게 솔직할 필요가 있습니다. 솔직히 그 답은 이미 알고 있을 겁니다. 단지 자신의 욕구를 채우고 싶은 순간이 아니라, 생존이 위협받는 순간이라는 점을.

셋째, 비상금을 제대로 활용하라.

언젠가 세미나 도중 제가 비상금을 모으는 중요성에 관해 설명하고 있을 때였습니다. 강연장 뒤쪽에 앉아 있던 밥이라는 이

름의 신사분이 조용히 손을 들더니 물었죠. "저는 비상금으로 6,000만 원을 마련했는데, 그거면 충분할까요?"

"상황에 따라 다를 수 있습니다." 저는 답했습니다. "한 달에 얼마를 쓰시죠?"

"대략 200만 원입니다."

"그럼 30개월 치 생활비를 갖고 계신 거네요. 어떤 기준으로 봐도 비상금으로는 상당한 거액이군요. 왜 그렇게 비상금을 많이 갖고 계십니까?"

그러자 밥은 약간 당황한 기색으로 멋쩍게 웃으며 입을 열었습니다. "음, 아내와 전 불황이나 전쟁이 닥쳐올까 걱정하고 있거든요. 심지어 아내는 UFO가 나타날지도 모른다고 걱정하죠."

그러자 사람들이 일제히 웃더군요.

"자, 자, 웃을 일이 아닙니다." 저는 손을 저으며 사람들을 진정시켰습니다. "비상금을 모으는 핵심적 이유는 밤에 푹 자기 위해서입니다. 만약 밥과 아내분이 UFO에 대한 걱정을 하지 않기 위해 60개월 치의 생활비가 필요하다면 비상금도 그만큼 모아야 하는 것이죠." 그리고는 밥에게 물었습니다. "그러면 그 비상금으로 이자는 얼마나 받고 있나요?"

하지만 밥의 대답은 예상외였습니다. "한 푼도 없습니다. 가방에 담아 뒷마당에 묻어 뒀거든요."

저는 믿을 수 없다는 듯 그를 쳐다봤지요. "6,000만 원을 가방에 담아서 뒷마당에 묻었다고요?"

"실제로는 6,500만 원이 좀 넘을 겁니다. 그 가방에 약간의 금도 같이 넣었으니까요."

여기서 저는 완전히 말문이 막혔습니다. 잠시 침묵의 시간이 흐르고 앞줄에 앉아 있던 누군가가 밥에게 고개를 돌리고는 묻더군요. "그냥 궁금해서 물어보는 건데, 어디 사는지 주소 좀 알려 주실래요?"

강연장은 그야말로 웃음바다가 돼 버렸습니다. 제가 강연하면서 겪은 가장 재미있었던 순간이었죠. 무려 몇 분 동안 웃음이 그치질 않더군요.

하지만 밥의 이야기에 전 마음이 편치만은 않았습니다. 물론 밥처럼 돈을 땅에 묻는 사람이 흔하진 않을 겁니다. 하지만 이자 한 푼 받지 못하고 비상금을 묵혀만 두고 있는 사람들이 분명 수천, 아니 수백만 명은 될 겁니다. 그건 밥의 행동만큼이나 답답한 노릇이지요.

부디 제 얘길 확실히 들어주기 바랍니다. 비상금으로 이자 이익을 거두지 않는 건 그 돈을 땅에 묻어두는 것과 다를 바 없는 겁니다.

## 비상금을 가장 가치 있게 굴리는 방법

대부분 비상금을 모은다고 하면, 사람들은 그저 보통예금 계좌에 비상시 필요한 돈을 넣어두는 것으로만 생각합니다. 왜 이것이 나쁜 방법이냐고요? 이런 보통예금에는 이자가 거의 붙지 않기 때문이죠. 아니 심지어 돈을 떼어 갑니다. ATM 기기에서 돈을 찾을 때 내야 하는 수수료만 생각해도 알 수 있죠.

비상금을 굴릴 때 가장 중요한 사항은, 여러분의 돈을 잘 관리해 주고 불려줄 수 있는 신뢰할 만한 금융기관을 찾아야 한다는 겁니다. 즉 합리적으로 이자를 얻을 수 있는 곳에 비상금을 예치하는 것이 필요합니다.

머니마켓 계좌<sup>Money Market Account</sup>는 비상금을 통해 수익을 올릴 수 있는 가장 간편하면서도 안전한 수단이지요. 이 계좌에 돈을 예치한다는 건 머니마켓펀드<sup>MMF</sup>를 구매한다는 겁니다. MMF는 가장 안전하고 유동적인 자산, 즉 초단기 국공채나 혹은 평가가 높은 사채에 투자하는 뮤추얼펀드죠.

몇 년 전까지만 하더라도 MMF 계좌를 개설하려면 최소 1,000만 원이 필요했습니다. 이 때문에 아직도 많은 사람들이 MMF는 부자들이나 하는 것이라고 잘못 인식하고 있지요. 이제는 대부분의 MMF 계좌가 최소 100만~200만 원만 있으면 개설 가능하며, 몇몇 상품은 단돈 1,000원만 있어도 개설할 수 있습니다. 네, 1,000원으로도 가능한 겁니다.

요즘은 고를 수 있는 MMF 상품이 수천 가지가 넘고 비용이나 수익률도 다양합니다. 그러니 마치 차를 살 때처럼 여유 있게 둘러보면서 결정해도 됩니다. MMF를 고를 때 가장 중요한 것은 수익률입니다. 은행별로도 다를 뿐 아니라 매일 변동될 수 있지요.

1990년대 초 이후로 꾸준히 낮아져 온 이자율처럼 MMF의 수익률도 하향 곡선을 그려 왔습니다. 1990년대에는 7~12% 정도였던 것이, 이 책의 초판을 썼던 당시(2003년)에는 1~3%였고, 이제(2016년 초)는 1%에도 미치지 못합니다. 저는 앞으로 몇 년 동안 이 수익률이 적어도 약간은 올라갈 것이라고 예상합니다. 두고 봐야 할 일입니다.

현재 상품별 수익률에 대한 정보는 다음과 같은 방법으로 얻을 수 있습니다.

첫째, 각종 경제 신문이나 잡지를 통해 MMF 수익률에 관한 정보를 확인할 수 있습니다.

둘째, 온라인을 통해 검색하면 각 MMF의 수익률을 비교하고 계좌 개설을 위해 필요한 최저액이 얼마인지도 알 수 있습니다.

## 이제 은행에 전화를 걸어라

수익률에 대한 정보를 파악하고 나면 현재 비상금을 넣어둔 곳에 좀 더 힘 있게 목소리를 낼 수 있습니다. 만약 은행에 비상금을 예치하고 있다면 그 은행에 전화를 거세요. 그리고 현재 여러분의 돈에 이자가 얼마나 붙고 있는지 묻는 겁니다. 만약 이자가 전혀 붙지 않고 있다는 답을 듣는다면 해당 은행에서 MMF를 취급하고 있는지 묻고, 그렇다고 하면 그 상품의 수익률과 계좌 개설 방법을 문의하기 바랍니다. 그 답변을 바탕으로 기존에 알아본 다른 상품들의 수익률 정보와 비교하면 됩니다.

이런 비교를 바탕으로, 비상금을 현재의 저이자 계좌에서 같은 은행의 MMF 계좌로 옮겨 놓기만 해도 얼마나 이익이 되는지 파악할 수 있지요. 단지 '비상금을 어떻게 굴려야 할까?'라는 질문을 던지고 그 질문에 답하기만 했을 뿐인데, 이제 당신의 비상금에서 이자를 얻을 수 있게 된 겁니다. 은행에서는 왜 진작 이런 정보를 알려주지 않았을까요? 이래서 '아는 것이 힘'이란 말이 생겨난 거겠죠.

여기서 기억해야 할 점은, 돈이 자신을 위해 일하게 할 줄 아는 사람이 부자가 된다는 것입니다. 그리고 지금부터 여러분도 그렇게 할 것이고요.

## 더 좋은 조건을 찾으려면 증권사를 확인하라

대부분의 경우 일반 은행보다 증권사에서 운영하는 MMF의 수익률이 높은 편입니다. 증권사를 선택한다면 다음의 사항들을 확인해야 하지요.

1. 최소 투자금은 얼마인가요?
2. 보통예금 계좌에서 MMF 계좌로 자동이체할 수 있나요? (매우 중요)

3. 자동이체를 할 경우 최소 투자금이 더 낮아지나요?
4. 상시 인출이 가능한가요? 현금카드를 발급하나요? (물론 비상 시가 아니면 인출하지 않아야 할 비상금이지만, 필요한 경우 빠른 인출이 가능하다면 더 좋습니다.)
5. 최소 예치금에 미달될 경우 수수료를 부과하나요? (일부 상품 은 최소액 이하일 경우 월간, 연간 수수료를 부과하므로, 상세 내 역을 꼭 확인해야 합니다.)

## MMF는 안전이 최우선이다

원래 MMF는 가장 안전한 투자처로 여겨져 왔으나, 지금처럼 이 자율이 전례 없이 낮고 당분간 이런 추세가 지속될 것으로 보이 는 시점에서는 은행이든 증권사든 MMF에서 고수익을 보장하기 가 점점 어려워지고 있습니다.

따라서 MMF에 투자할 때는 잘 알려지고 튼튼한 금융 기관 의 상품만을 이용할 것을 권장합니다. 또 해당 펀드를 얼마나 오래 운용해 왔는지, 평균 수익률이 얼마인지, 운용수수료가 얼마인지 등등을 항상 확인해야 합니다. 자신을 보호하려면, 수익률이 좀 낮더라도 가장 안전해 보이는 MMF에 투자하는 것이 좋습니다.

# 국내 관심 둘 만한 단기금융상품

1년 이하의 짧은 기간 동안 임시로 보관할 자금은 MMF<sup>Money Market Deposit Funds</sup>, MMDA<sup>Money Market Deposit Account</sup>, CMA(종합자산관리계좌), RP(환매조건부채권) 등 단기금융상품을 잘 활용하면 좋습니다. 어느 상품이든 연 이자율(연 수익률)은 대개 1%대입니다.

MMF와 MMDA는 입출금도 쉽고 이율도 은행 수시입출금계좌보다 높은 비슷한 성격의 상품으로, 증권사에서 파는 것은 MMF, 은행과 수협, 농협에서 파는 것은 MMDA입니다. 보통 500만 원 이상, 예치 기간 7일 이상(기업 가입자)이어야 높은 이자를 받을 수 있습니다. 다만 MMF는 펀드여서 원금보장이 안 되고 MMDA는 예금자보호법에 따라 5,000만 원 한도 내에서 원금보장이 됩니다.

CMA는 증권사에서 가입하는 수시입출금용 계좌입니다. 급여통장, 공과금 이체, 체크카드 연결 등 용도로 쓸 수 있습니다. 은행의 수시입출금 계좌는 이자가 거의 없다시피 하지만 증권사의 CMA는 연 이자율이 1%대로 높습니다. 국공채나 우량기업 채권에 투자해 나온 이자를 지급합니다. 원금보장이 안 되는 상품이지만 원금을 까먹을 위험은 생각보다 낮습니다.

RP는 금융기관이 일정 기간 후에 다시 사는 조건으로 채권을 팔고 경과 기간에 따라 소정의 이자를 붙여 되사는 채권입니다. 채권투자의 약점인 환금성을 보완하기 위한 금융상품입니다. 개념이 다소 복잡해 보이지만 이용자 입장에서는 RP용 계좌에 입금하면 일정 기간이 지나서 이자가 붙는 계좌입니다. RP도 증권사 상품이기 때문에 원금보장은 안 됩니다.

# MMF 투자도 자동화가 중요하다

비상금을 예치할 MMF 계좌와 생활비를 꺼내 쓸 일반 예금 계좌는 구분되어야 합니다. 비상금과 생활비를 같은 계좌에 둬서는 안 된다는 겁니다. 그럴 경우 비상금을 생활비로 사용하기가 너무 쉬워져서 미처 알아차리기도 전에 비상금이 바닥날 수도 있기 때문이지요. 이를 방지하기 위해 저는 다음과 같은 방법을 씁니다.

## 단계별 비상금 관리법

첫째, 여러 상품을 조사한 뒤 한 곳을 골라 MMF 계좌를 개설하세요. 상시 인출과 현금카드 사용이 모두 가능한 계좌를 선택하도록 합니다(하지만 비상시에만 사용해야 한다는 걸 명심하세요!).

둘째, 매달 얼마나 비상금으로 모을지 결정하세요. 총급여 중 최소 5%를 비상금으로 저축해 두는 것이 좋습니다. 현재 자신의 급여에서 5%에 해당하는 금액을 계산해 보세요.

셋째, 비상금을 관리하는 최고의 방법 역시 '자동화'입니다. 급여 계좌에서 자동으로 MMF 계좌로 이체되도록 설정하세요. 급여 계좌를 관리하는 은행에서 MMF 계좌로 일정 금액이 이체되도록 해도 됩니다, 또는 MMF 계좌를 관리하는 금융기관에서 급여 계좌로부터 MMF 계좌로 일정 금액이 자동인출되도록 설정해도 됩니다. 어떤 경우든 모든 것이 자동으로 이뤄질 것이며, 대부분 온라인으로도 신청할 수 있습니다.

## 빚 갚는 게 먼저냐 비상금이 먼저냐

현재 카드빚을 지고 있다면, 일의 우선순위도 재조정해야 합니다. 저는 큰 빚을 지고 있는 사람에게는 한 달 치 비상금만 남기고 우선 빚을 갚는 데 집중하라고 조언하지요. 그 이유는 간단합니다. 카드빚에 20% 이자를 내면서 MMF로 1% 수익을 낸다는 게 일단 말이 안 되지요.

이 책의 뒷부분에서는 카드빚에 대해서도 다룰 예정입니다. 그 부분을 읽고 나면 카드빚 이자율을 낮추고 다른 사람들보다 빨리 그 빚에서 벗어나는 법에 대해 알 수 있을 겁니다.

하지만 그보다 먼저, 한 살이라도 더 젊을 때 부자가 되기 위한 진짜 비결부터 찾아보도록 합시다. 바로 '집주인'이 되는 일입니다.

# 자동 부자들의 행동 수칙

이번 장에서 논한 내용을 살펴봅시다. 자동으로 자신의 안전한 미래를 보장받기 위해서 지금 당장 해야 할 일들은 아래와 같습니다.

- ☐ 비상금이라는 보호막을 만들겠다고 결심하라. 3개월 치 이상의 생활비를 마련해 두는 것이 좋다.

- ☐ 비상금을 최대한 활용하고 수익을 내겠다고 결심하라.

- ☐ 비상금으로 MMF 계좌를 개설하라.

- ☐ MMF 투자를 자동화하고, 보호막이 안심될 정도로 탄탄해질 때까지 비상금 규모를 늘려라.

자, 이제 거의 끝나갑니다.

쉽게 믿기지 않겠지만, 미래에 대한 투자와 비상금 마련을 자동화했다면, 여러분의 재테크 계획은 이미 탄탄대로에 거의 들어선 것이나 다름없습니다.

다시는 돈 걱정하고 살 필요가 없다고 한번 상상해 보세요! 바로 그 기분을 자동 부자들은 평생 느끼면서 삽니다. 그리고 여러분 역시 곧 그렇게 살 수 있습니다.

제
6
장

내 집을 온전히
내 것으로 만드는 힘

매일 하는 일을 바꾸지 않는 한

당신의 인생은 결코 바뀌지 않는다.

성공의 비결은

당신의 일상 속에 있는 것이므로.

존 맥스웰

이 책에 담긴 풍요로운 미래를 위한 모든 비결 중, 중요성과 효율성 면에서 가장 뛰어난 3가지를 꼽아보도록 하겠습니다.

첫째는, '총수입의 10%를 자신에게 먼저 투자하라'는 겁니다.

둘째는, '그 투자를 자동화하라'는 것이죠.

그리고 셋째는 이것입니다.

## 집을 사고, 그 대출금을 자동으로 갚아라

이번 장에서 우리가 살펴본 내용은 집을 소유해야 하는 이유와, 내 집 마련에 든 비용을 자동으로 갚는 방법에 대한 겁니다. 후자가 더욱 중요한데, 너무 늦기 전에 인생을 즐기기 위해서는 빚에서 빨리 벗어나야 하기 때문이지요.

젊으나 늙으나, 자신이 사는 집을 소유하고픈 욕망은 같을 겁니다. 이유는 간단하지요. 평생 집세를 내면서 부자가 되기는 어려우니까요. 옛말에도 있듯이, 집주인은 부자가 되고 세입자는 가난을 면치 못하게 마련입니다.

한번 생각해 봅시다. 월세 150만 원을 30년 동안 내면 5억 원이 넘는 돈입니다(5억 4,000만 원). 그리고 그 30년 후에도 여전히 아무것도 소유하지 못한 채 처음 시작했을 때처럼 빈손일 뿐이죠. 하지만 집을 산 다음 같은 금액을 모기지론 상환에 쓴다면, 30년 후 온전히 내 집을 갖게 되는 겁니다!

그러니 부동산을 소유하지 않고서는 부자 되는 게임에서 앞서 나갈 수 없다고 할 수 있습니다.

## 현재 살고 있는 곳부터 내 것으로 만들라

여러 연구 결과들이 한결같이 제시하는 바는, 평균적으로 자가 소유주가 세입자보다 몇 배나 더 많은 재산을 모은다는 것입니다. 미국 연방준비제도이사회<sup>Federal Reserve Board</sup>가 2014년 9월 발간한 〈소비자 금융 조사<sup>Survey of Consumer Finances</sup>〉에 따르면 세입자들의 순자산은 평균 540만 원인 반면, 집주인들은 1억 9,540만 원에 달했습니다. 즉 자택을 소유한 사람들은 그렇지 않은 사람들보다 무려 36배나 부자라는 것이지요! 게다가 금융위기 이후 주택시장의 재조정을 거친 이후에도 이런 수치가 나왔다는 점을 주목해야 합니다. 그러니까 집을 소유하는 것이 최고의 투자라는 점을 오랜 기간에 걸쳐 입증됐다는 것이죠.

하지만 단순히 돈보다도, 집을 소유함으로써 얻을 수 있는 '감정'이 더욱 중요합니다. 자가 소유주는 현재 살고 있는 곳이 자신의 것이며, 자신이 부를 늘려가는 중이라는 사실로부터 안정감을 얻게 됩니다. 집주인이 월세를 올리거나 자신을 쫓아낼지도 모른다는 불안감에 떨지 않아도 되는 것이죠.

그러니 만약 현재 세입자의 삶을 살고 있다면, 자신 소유의 집을 마련하는 것이 우선순위가 되어야 합니다. 하지만 과연 집을 사기 위해 빌린 돈을 정말 '자동적'으로, '쉽게' 갚을 수 있을까요? 그럼요. 이번 장에서 그 방법을 알아봅시다.

## '내 집'으로 인생이 한결 부드러워진다

제가 처음 매킨타이어 부부를 만났을 때 들은 이야기 중에서 가장 감명 받은 부분은, 일찍 집을 사고 대출금을 갚음으로써 그들이 얻게 된 이점이었습니다. 앞에서 다룬 것처럼 그들 부부는 비교적 젊은 시절 첫 집을 샀고, 단지 남들보다 좀 더 일찍 대출금을 갚았죠. 30년짜리 모기지론을 20년이 채 지나기 전에 갚았습니다. 그리고 첫 집을 세를 놓은 후 또 한 채를 구입했고, 그 대출금 역시 20년 안에 청산한 겁니다.

그래서 50대 초반 무렵, 매킨타이어 부부는 두 채의 집을 온전히 자신들 소유로 할 수 있었습니다. 그 결과 거의 10억에 이르는 부동산과 풍부한 현금 수입을 갖춘 채, 빚 없이 조기에 은퇴할 수 있던 겁니다.

이것은 우리 모두가 바라는 삶이기도 합니다. 그리고 실제로도 그런 삶을 살 수 있습니다! 그 방법은 이겁니다.

*우선, 집을 산다!*

부자가 되고 싶습니까? 앞에서 말한 대로, 부자가 되기 위해 정말 필요한 것은 딱 3가지입니다.

첫째, 수입의 10%를 자신에게 먼저 투자하기로 결심한다.

둘째, 투자를 자동화한다.

셋째, 집을 사고 대출금을 조기에 갚는다.

'이게 다라고? 부자가 되려면 분명 뭔가 더 있어야 할 텐데.' 이렇게 생각한다면, 맞는 말씀입니다. 위의 사항을 '똑똑하게' 실천해야 하지요. 앞서 살펴본 대로, 자신에게 먼저 투자하는 과정을 자동화하고 세금을 면제받아야 합니다. 집을 사는 문제에서도 마찬가지죠. 돈이 낭비되지 않도록 '똑똑하게' 대출금을 갚아야 합니다. 자세한 방법도 곧 다루겠지만, 먼저 내 집 마련이 왜 그렇게 중요한지부터 살펴보도록 합시다.

## 집이 훌륭한 투자처인 5가지 이유

집이 훌륭한 투자처인 이유는 셀 수 없이 많지만, 그중에서 제일 중요한 5가지만 꼽아보겠습니다.

### 첫째, 강제로 저축이 된다

언론에서 얘기하는 바와는 달리, 실제로 미국에서 집을 압류 당하는 사람은 아주 드뭅니다. 미국 모기지론 은행 연합회 자료에 의하면 은행의 압류는 전체 모기지론 중 1.9% 미만이라고 합니다. 그건 집주인들이 자신의 집을 잃지 않기 위해 최선의 노력을 다하기 때문이죠. 그러니 집을 소유한다는 건 일종의 강제적 저축 프로그램이라고 볼 수 있습니다. 집을 지키기 위해서는 매달 대출금 상환의 형식으로 '집'이라는 최고의 투자처에 돈을 내야 하니까요.

### 둘째, 레버리지 효과를 얻는다

뛰어난 투자자들이 사용하는 가장 효과적인 전술 중 하나가 레버리지(지렛대) 효과를 이용하는 겁니다. 빌린 돈을 활용하여 수익을 극대화하는 방식이죠. 우리가 집을 사게 될 때도 이 레버리지 효과를 누릴 수 있습니다.

2억 5,000만 원짜리 집을 20%의 계약금을 내고 산다고 하면, 5,000만 원만 자신의 돈으로 내고 나머지 2억 원은 은행에서 대출받아 내는 겁니다. 실제 집을 구매하는 데 들인 돈이 5,000만 원이니 5:1 비율의 레버리지를 실행한 것이죠. 자 이제 그 집의 매매가가 5년 뒤 3억 원으로 올랐다고 칩시다. 투자한 자기자본이 5,000만 원이니, 매매가가 5,000만 원 더 올랐다는 건 투자금이 두 배로 돌아온 셈인 겁니다. 이것이 바로 레버리지 효과죠.

미국에서 지난 5년간 매매가가 두 배 오른 집들이 많습니다. 레버리지 측면에서 그 의미를 생각해 봅시다. 5년 전 2억 5,000만 원짜리 집에 5,000만 원을 투자했는데 현재 가치가 5억 원이

됐다면, 결국 5,000만 원 투자로 2억 5,000만 원을 번 셈인 것이죠. 수익률 500%라면 재테크에서는 홈런을 친 것이나 다름없습니다.

### 셋째, 남의 돈을 활용한다

우리는 앞에서 부자들은 돈을 위해 일하지 않고 돈이 자신을 위해 일하게 한다는 점을 살펴봤습니다. 그런데 정말 대단한 부자들은 돈이 자신을 위해 일하게 할 뿐 아니라 다른 사람의 돈까지도 자신을 위해 일하게 만들지요. 집을 사는 것도 그 방법 중 하나입니다. 은행의 돈을 활용해 부를 얻는 것이니까요. 그러면서 동시에 자신의 돈은 다른 곳, 예를 들어 퇴직연금에 투자하여 당신을 위해 일하게 할 수 있는 것이죠.

### 넷째, 안정감을 얻는다

자기 집을 갖는 게 꿈인 사람들도 많지요. 지역 사회의 일원이 되어 탄탄히 뿌리를 내릴 수 있고 자부심까지 느낄 수 있습니다. 막연한 든든함을 넘어서, 자신과 사랑하는 가족에게 진정한 보호막이 생겼다는 확실한 안정감을 가지게 되는 겁니다.

### 다섯째, 부동산은 입증된 최고의 투자처다

대부분의 사람들에게 평생 최고의 투자가 '집'인 경우가 많죠. 부모님께 한번 물어보세요. 하지만 과연 여전히 유효한 말일까요? 1990년대부터 꾸준히 상승해 온 주택 가격을 보면서 어떤 사람들은 이러다 '부동산 버블'이 오는 게 아니냐며 걱정하기도 합니다. 2000년대 초반 '닷컴 버블'로 인해 주가가 폭락했던 경험을 떠올리면서 말이죠.

하지만 집은 주식과는 다릅니다. 교환의 수단으로서 집을 거래하지는 않죠. 누구도 집을 마우스 클릭 한 번으로 후딱 사고팔지는 않습니다.

물론 부동산의 가치가 과거에 비해 급격히 오른 것은 사실이고, 가치란 것은 언제나 흥망을 겪기 마련입니다. 하지만 지금까지 부동산 가치의 하락기는 일시적인 현상에 불과했습니다. 장기적으로 보면 부동산 가격은 대개 상승 곡선을 그려왔고, 집을 구매하는 것도 대부분 좋은 결과를 가져왔죠. 미국 부동산 협회 National Association of Realtors에 따르면 최초로 투자 수익률 조사를 시작한 1968년 이후 부동산 투자는 매년 평균 5.3%의 수익을 내왔습니다.

---

### 국내 주택 연간 전국 매매가격상승률

2013년(0.37%) → 2014년(2.10%) → 2015년(4.42%) → 2016년 (1.35%) → 2017년(1.24%)

(자료: 국민은행. 전년과 비교한 상승률)

---

## 최초 투자금은 어떻게 마련하나?

집 사기를 미루는 가장 큰 이유는 당장 집을 살 수 있는 형편이
안 된다고 생각하기 때문이죠. 보통은 틀린 얘깁니다. 집을 사려
는 사람들은 특히 최초 계약금을 어떻게 마련할지 두려워하죠.
모기지론을 받으려면 억대는 아니더라도 수천만 원은 손에 쥐고
있어야 한다고 생각합니다.

하지만 사실 그렇지 않습니다. 주택개발업자, 금융기관, 정부
등에서 처음 집을 구입하는 사람들을 위해 매매가의 95%, 97%,
심지어 전액을 빌려주기도 하니까요. 물론 대출금이 많아지면
상환의 위험성도 높아지지요. 하지만 계약금을 낼 수 있을 만큼
충분한 돈을 마련하기 위해 걸릴 시간을 생각하면, 세입자 신분
을 벗어나 더 빠르게 자기 집을 마련하기 위한 방법으로 대출을
충분히 활용해야 합니다.

## 지금 집세로 내는 돈이면 집을 살 수 있다

오늘 집세로 낸 바로 그만큼의 돈으로 내일 집을 살 수 있다는
사실을 모르는 사람들이 많습니다.

이 개정판을 쓰는 2016년에 이자율은 45년 만의 최저치를 기
록하는 중입니다. 이자율은 다시 오를 수도 있지만, 지금 시점의
이자율이 당분간 지속한다고 가정하고 간단한 계산을 좀 해보

지요.

만약 매달 집세로 100만 원을 내고 있다면, 그건 (세금과 보험을 포함해) 대략 1억 2,500만 원 상당의 모기지론 대출을 감당할 수 있다는 뜻입니다. 또 집세가 200만 원이라면 모기지론 대출 2억 5,000만 원에 해당하고요. 이 정도면 미국 대부분의 지역에서는 충분히 집을 살 수 있을 돈이지요!

## 집 구입비용으로 얼마까지 감당할 수 있을까?

미국 연방주택관리국<sup>FHA</sup>에 의하면, 일반적으로 사람들은 주거비용으로 총수입의 29%까지 감당할 수 있다고 합니다. 만약 다른 빚이 없다면 최대 41%까지도 감당할 수 있답니다.

| 연간 총수입 | 월 수입 | 월 수입의 29% | 월 수입의 41% |
|---|---|---|---|
| 2,000만 원 | 1,667,000원 | 483,000원 | 683,000원 |
| 3,000만 원 | 2,500,000원 | 725,000원 | 1,025,000원 |
| 4,000만 원 | 3,333,000원 | 967,000원 | 1,367,000원 |
| 5,000만 원 | 4,176,000원 | 1,208,000원 | 1,712,000원 |
| 6,000만 원 | 5,000,000원 | 1,450,000원 | 2,050,000원 |
| 7,000만 원 | 5,833,000원 | 1,692,000원 | 2,391,000원 |
| 8,000만 원 | 6,667,000원 | 1,933,000원 | 2,733,000원 |
| 9,000만 원 | 7,500,000원 | 2,175,000원 | 3,075,000원 |
| 1억 원 | 8,333,000원 | 2,417,000원 | 3,417,000원 |

위의 표에서 볼 수 있듯, 만약 연 수입이 5,000만 원이라면 주거비(월세 또는 대출 상환금)로 매달 대략 120만 원을 감당할 수 있다는 결론이 나옵니다.

집을 소유하는 것이 세를 사는 것보다 훨씬 낫다는 점을 염두에 두고, 다음의 표를 살펴보기 바랍니다. 상환 기간이 30년인 모기지론의 대출금과 이자율 별 매월 상환액(세금 및 보험료 미포함)을 나타내고 있습니다.

| 모기지론 상환액(매월/원금+이자)-30년 고정금리 적용 시 | | | | | | | |
|---|---|---|---|---|---|---|---|
| 이자율 | 4.0% | 4.5% | 5.0% | 5.5% | 6.0% | 6.5% | 7.0% |
| 대출금 | | | | | | | |
| 1억 원 | 477,000원 | 507,000원 | 537,000원 | 568,000원 | 600,000원 | 632,000원 | 668,000원 |
| 1억 5,000만 원 | 716,000원 | 760,000원 | 805,000원 | 852,000원 | 899,000원 | 948,000원 | 998,000원 |
| 2억 원 | 955,000원 | 1,013,000원 | 1,074,000원 | 1,136,000원 | 1,199,000원 | 1,264,000원 | 1,331,000원 |
| 2억 5,000만 원 | 1,194,000원 | 1,267,000원 | 1,342,000원 | 1,419,000원 | 1,499,000원 | 1,580,000원 | 1,663,000원 |
| 3억 원 | 1,432,000원 | 1,520,000원 | 1,610,000원 | 1,703,000원 | 1,799,000원 | 1,896,000원 | 1,996,000원 |
| 3억 5,000만 원 | 1,680,000원 | 1,773,000원 | 1,879,000원 | 1,987,000원 | 2,098,000원 | 2,212,000원 | 2,329,000원 |
| 4억 원 | 1,910,000원 | 2,027,000원 | 2,147,000원 | 2,271,000원 | 2,398,000원 | 2,528,000원 | 2,661,000원 |
| 4억 5,000만 원 | 2,148,000원 | 2,280,000원 | 2,415,000원 | 2,555,000원 | 2,698,000원 | 2,844,000원 | 2,994,000원 |
| 5억 원 | 2,387,000원 | 2,533,000원 | 2,684,000원 | 2,839,000원 | 2,998,000원 | 3,160,000원 | 3,327,000원 |

## 모기지론의 선택에 모든 것이 달렸다

이번 장에서 가장 중요한 내용은, '어떻게 집을 산 대출금을 자동적으로 갚을 것인가'에 관한 것입니다. 집을 사는 건 사실 어찌 보면 가장 쉬운 단계죠. '어떻게 갚을까'를 파악하는 것이 관건입니다. 이 점에서 보자면 올바른 모기지론 선택이 성공의 핵심이라고 할 수 있습니다. 모기지론에는 여러 유형이 있고 각 모기지론마다 장단점이 있으니 잘 둘러보고 자신에게 맞는 상품을 선택해야 합니다.

## 30년 장기 모기지론의 장점과 단점

자, 그럼 저라면 어떤 유형의 모기지론을 고를까요? 대부분의 사람들에게 제가 처음으로 추천하는 상품은 30년 만기 고정금리 모기지론입니다. 무엇보다 간단하기 때문이죠. 또한 금리가 낮게 유지될 수 있다면 훌륭한 선택이 될 수 있습니다. 30년간 적은 이자만 부담하면 되니까요.

그럼 과연 이자율이 '낮다'는 기준은 얼마일까요? 과거에 비춰 보면 8% 이하는 낮은 편이라고 인정돼 왔습니다. 이 개정판을 낸 2016년 기준, 30년 장기 모기지론의 상환 금리는 4% 아래입니다.

30년 만기 모기지론의 훌륭한 점은 30년간 금리가 고정된다는 겁니다. 그리고 또 다른 장점으로, 상대적으로 유지하기 쉽다는 점도 있죠. 상환 만기가 길어질수록 어쨌든 월 상환액은 점점 낮아지니까요.

그럼에도 30년 모기지론이라면 고개를 젓는 사람들이 많습니다. 그 이유는 누구도 30년이란 긴 세월 동안 주택 대출을 갚고 싶지는 않기 때문입니다. 무려 30년이나 빚을 갚으며 살아야 한다는 뜻이니까요.

불행히도 30년 만기 모기지론은 결국 여러분보다는 은행에 더 이익이 되는 제도입니다. 간단한 계산으로 알 수 있죠. 집을 2억 5,000만 원에 구입한다고 해 봅시다. 이 돈을 30년 만기 모기지론에 5% 금리로 대출받는다면, 앞으로 30년간 내야 할 총 상환액은 대략 4억 8,300만 원에 달합니다. 2억 5,000만 원에 산 집에 결국 4억 8,300만 원이란 비용을 들여야 한다는 것이죠! 그럼 과연 나머지 2억 3,300만 원은 어디로 갈까요? 그게 모기지론 이자로 충당되는, 여러분의 집이 아닌 은행의 호주머니에 들어가는 돈이란 거죠.

30년 만기 모기지론을 꺼리게 되는 또 다른 이유는 대부분 거주 기간이 10년 이하라는 점입니다. 평균적으로 사람들은 한 집에서 5~7년 정도 거주하지요. 만약 7년을 거주한 후 집을 팔 경우, 그때까지 모기지론 원금은 단 4%만 갚게 됩니다! 네 정말입니다.

일반적으로 30년 만기 모기지론에서는, 첫 10년 동안 갚는 상

## 모기지론의 유형

### 30년 만기 고정금리

특징 : 금리가 30년간 동일

장점 : 시중 금리가 올라도 안전. 매달 상환액이 동일. 관리 용이.

단점 : 대출을 갈아타지 않는 이상 30년간 같은 금리에 묶여 있어야 함.

추천대상 : 투자 성향이 보수적이고 장기간(7~10년 이상) 거주할 계획을 세웠다면, 30년 고정금리가 적절.

### 15년 만기 고정금리

특징 : 이자율과 그에 따른 상환액이 다른 것을 제외하면 30년 만기와 유사

장점 : 30년 만기보다 낮은 이자율. 15년이면 모기지론 상환 종료. 관리 용이.

단점 : 월 상환액이 30년 만기보다 높음.

추천대상 : 절약하는 성향이고 10년 이상 거주할 계획이라면 좋은 상품. 고정 이자로 15년 만에 빚 청산.

### 단기 변동금리(5년 이하)

특징 : 이자율이 6개월~1년마다 변동. 매달 변동하는 경우도 있음.

장점 : 월 상환액이 다른 모기지론보다 적음.

단점 : 이자율이 급등할 경우 대출 상환에 어려움이 생길 수 있음.

추천대상 : 월 상환액을 최대한 낮추고 싶은 경우. 위험 감수 성향이고 거주 계획이 비교적 단기간인 사람. 금리가 낮을 경우 좋은 선택.

### 준고정금리

특징 : 특정 기간 동안 이자율 고정, 이후 금리가 6개월~1년 간격으로 변동.

장점 : 상대적으로 낮은 금리

단점 : 한정된 기간 동안만 금리 고정. 금리 변동에 따라 월 상환액이 오를 수 있음.

추천대상 : 주택을 짧은 기간 소유할 계획인 경우, 금리와 월 상환액 낮출 수 있음. 금리 변동 주기가 길수록 월 상환액은 높아지지만 위험도는 낮아짐.

환액의 90%는 모두 이자로 충당되지요. 즉, 30년 만기 모기지론을 이용하고 있는 수천만 명의 미국인들이 이렇게 돈을 날려버리고 있다는 뜻도 됩니다.

만약 이렇게 모기지론 상환액 대부분을 이자 갚는 데 쓴다면, 부자가 되기는커녕 대출 상환도 어려워 보입니다. 하지만 이건 30년 만기 모기지론의 첫 10년 동안에만 일어나는 일이죠. 달리 말하자면, 이런 유형의 모기지론을 사용할 경우 첫 10년간은 자신을 위한 부를 축적하기보다 은행에 빚을 갚느라 일해야 한다는 뜻입니다.

하지만 대안은 있습니다. 제가 이제부터 여러분과 나눌 시스템을 따라 한다면 모기지론 규모와 금리에 따라 5~10년에 달하는 노동의 가치를 본인을 위해 아낄 수 있습니다.

## 온전한 집주인을 만드는 비밀 시스템

자동 부자가 되는 비결은 그 과정을 최대한 단순하게 만드는 데 있습니다. 그러니 이렇게 합시다. 자신이 원하는 집을 찾아서 구입하세요. 30년 만기 모기지론으로 주택 구입자금을 대출받은 후, 저의 비밀 시스템을 이용하면 됩니다.

무슨 시스템이냐고요? 모기지론 상환을 2주 단위로 진행하고, 그 과정을 자동화하는 것입니다.

2주 단위 상환이 뭐냐고요? 물어봐 주셔서 감사합니다. 계속 읽으면 알 수 있습니다.

## 자동 부자의 모기지론 2주 상환 계획

누구나 따라 할 수 있습니다. 따로 특별한 모기지론 상품이 있는 게 아닙니다. 지금 현재의 모기지론을 활용하는 것이죠. 해야 할 일은 일반적인 30년 만기 모기지론 대출을 받고, 보통 하듯이 매월 상환액을 갚는 대신, 그 금액을 둘로 쪼개서 2주에 한 번씩 갚으면 됩니다.

이번에도 간단히 계산을 좀 해볼까요. 한 달 모기지론 상환액이 200만 원이라고 합시다. 일반적으로는 한 달에 한 번 이 돈을 갚습니다. 하지만 이제부터는 다릅니다. 다음 달부터는 2주마다 한 번, 100만 원씩 대출금을 상환하기 시작할 테니까요. 이렇게 하면 뭔가 놀라운 일이 벌어질 겁니다. 이자율에 따라 다르지만, 결국 모기지론 상환을 대략 5~10년가량(평균적으로는 대략 7년) 앞당길 수 있습니다!

그럼 과연 이렇게 대출금 상환을 앞당겨서 얼마를 더 아낄 수 있을까요? 이번에도 이자율에 따라 다르지만, 일반적인 미국의 주택 소유자라면 다음의 간단한 프로그램을 따르기만 해도 약 5,000만 원을 더 절약할 수 있습니다. 이래도 충분히 동기 부여가 되지 않는다면, 이렇게 생각해 보세요. 원래 계획보다 10년이나 일찍 빚을 갚는다는 건 그만큼 은퇴할 준비를 앞당길 수 있다

# 국내 모기지론 정리

국내에서 내 집 마련을 할 때 필요한 주택담보대출은 주택도시기금(주택도시보증공사에서 운영)과 시중은행에서 받을 수 있습니다.

주택도시기금(http://nhuf.molit.go.kr)에서는 ▲생애최초 신혼부부 전용 구입자금 ▲내 집 마련 디딤돌대출(연 2.25~3.15%) ▲수익공유형모기지(연 1.5%) ▲손익공유형모기지(최초 5년 연 1%, 이후 연 2%) ▲오피스텔 구입자금(연 2.8%) 등을 이용할 수 있습니다. 대출자금 유형별로 조건을 충족한 경우 대출을 받을 수 있습니다.

생애최초 신혼부부 전용 구입자금을 받으려면 부부합산 연 소득이 7,000만 원 이하인 무주택 신혼부부로 생애최초 주택구입자여야 합니다. 대출금리는 연 1.70~2.75%입니다. 전용 85m²이하(수도권 제외한 도시지역이 아닌 읍·면은 전용 100m²), 5억 원 이하 주택인 경우 대출 받을 수 있고, 대출한도는 2억 원 이내(DTI 60%, LTV 70% 이내)입니다.

내 집 마련 디딤돌 대출의 경우, 주택매매계약을 체결한 사람으로서, 대출신청일 현재 세대주이고, 부부합산 연소득 6,000만 원 이하여야 합니다. 대출한도는 최고 2억 원까지, 대출기간은 10년, 15년, 20년, 30년입니다. 대출금리는 연 2.25~3.15%(고정금리 또는 5년 단위 변동금리)입니다. 다만 부부합산 연소득이 4,000

만 원 이하이면 이보다 대출금리 부담이 더 줄어듭니다. 부부 합산 연소득이 2,000만 원 이하이면 대출금리가 2.00~2.30%, 2,000만 원 초과 4,000만 원 이하이면 2.45~2.75%입니다.

더 자세한 내용은 주택도시기금 홈페이지를 참고하세요. 홈페이지에서 본인이 대출신청 자격이 되는지 확인할 수도 있습니다.

시중은행에서는 주택자금 대출상품으로 한국주택금융공사와 연계한 상품과 ▲분할상환방식 주택담보대출 ▲일시상환방식 주택담보대출 등을 취급합니다. 대출 신청자 신용등급에 따라 대출금리는 3.4~4.4% 정도입니다. 주택도시기금 대출보다 금리가 높은 편입니다. 거래하는 은행 창구에 문의하시면 됩니다.

주택자금 비용은 소득공제를 받을 수 있습니다. 소득공제 대상은 주택청약종합저축, 주택임차자금 원리금상환액, 장기주택저당차입금(주택담보대출) 이자상환액 등 세 가지입니다. 이들 소득공제는 각각 개별적인 소득공제한도(개별한도)와 2~3개 소득공제를 통합한 소득공제한도(통합한도)가 있기 때문에 유의해야 합니다.

주택담보대출 이자상환액 소득공제 내용을 살펴보면, 근로소득자로 무주택자거나 1주택을 보유한 세대의 세대주가 취득당시 기준시가 4억 원 이하인 주택을 취득하고자 금융기관 또는 주택도시기금에서 빌린 주택담보대출의 이자상환액은 100% 소득공제가 됩니다. 단, 10년, 15년 등 상환기간별로 고정 또는 비거치 등 상환방식에 따라 공제한도(최대 1,800만 원)는 각각 다릅니다.

한편, 주택담보대출을 받을 때 이자만 내다가 만기에 원금을 한 꺼번에 갚는 '거치식' 또는 '만기 일시상환' 방식의 대출받기는 점점 까다로워지고 있습니다. 정부가 급증하는 가계대출 부작용을 우려하기 때문입니다. 정부는 2015년 12월부터 주택담보대출을 받을 때 '비거치식 분할상환(처음부터 원금과 이자를 나눠 갚는 것)'을 권장하고 있습니다. 전에는 거치식 주택담보대출을 받아 집을 사서 이자만 갚다가 집값이 오르면 매도해 차익을 얻는 식의 투자가 흔했는데, 이제 '처음부터 나눠 갚는 비거치식 분할 상환'을 강화하는 분위기라는 것은 알아둬야 합니다.

는 뜻이라는 것을!

## 2주 상환 계획의 작동 원리

한 달에 한 번 대신 2주마다 한 번 대출금을 갚을 때 벌어지는 일은 매년 한 달 치의 모기지론 상환액을 더 내는 만큼의 효과가 있습니다. 한 달마다 갚던 금액의 절반을 2주마다 갚으면, 1년에 26번 갚는 것이고, 이는 13번의 완납과 같은 셈이니, 1년 12번보다 상환 횟수가 한 번 더 많은 것이죠.

저는 앞에서 이 방식을 비밀 시스템이라고 불렀지만, 솔직히 말해서 이제는 더 이상 비밀이라고 할 순 없습니다. 이미 대출기관은 오래전부터 이 방식을 알았고, 근래에는 언론에서도 이 방식을 공공연히 얘기하고 있으니까요. '자신에게 먼저 투자하기'처럼, 이 역시 사람들이 알고는 있지만 실제 사용하지는 않는 전술인 겁니다.

### 그 차이는 무려 4,400만 원!

다음의 대출금 상환표를 보면 알 수 있듯, 30년 장기 모기지론(5% 고정금리)으로 2억 5,000만 원을 매월 상환 방식으로 갚으면 30년 뒤 내는 총 이자는 2억 3,313만 9,460원이 됩니다. 이를 2주 상환 방식으로 하면 같은 조건의 모기지론이라도 총 이

| '매월 상환'과 '2주 상환' 비교 |||
|---|---|---|
| 원금=2억 5,000만 원 | 이자율=5% | 상환 기간=30년 |
| 매월 상환액 : 134만 2,050원 || 2주 상환액 : 67만 1,030원 |
| (매월)평균 이자 : 64만 7,610원 || (2주)평균 이자 : 24만 1,330원 |
| 이자 총액 : 2억 3,313만 9,460원 || 이자 총액 : 1억 8,872만 2,130원 |

| 년 | 잔여 원금(매월 상환) | 잔여 원금(2주 상환) |
|---|---|---|
| 1 | 246,311,590원 | 244,889,140원 |
| 2 | 242,434,470원 | 239,517,410원 |
| 3 | 238,358,990원 | 233,871,500원 |
| 4 | 234,075,000원 | 227,937,420원 |
| 5 | 229,571,830원 | 221,700,460원 |
| 6 | 224,838,270원 | 215,145,160원 |
| 7 | 219,862,540원 | 208,255,260원 |
| 8 | 214,632,230원 | 201,013,700원 |
| 9 | 209,134,340원 | 193,402,520원 |
| 10 | 203,355,160원 | 185,402,860원 |
| 11 | 197,280,310원 | 176,994,890원 |
| 12 | 190,894,660원 | 168,157,770원 |
| 13 | 184,182,300원 | 158,869,590원 |
| 14 | 177,126,530원 | 149,107,320원 |
| 15 | 169,709,770원 | 138,846,790원 |
| 16 | 161,913,560원 | 128,062,540원 |
| 17 | 153,718,470원 | 116,727,860원 |
| 18 | 145,104,120원 | 104,814,640원 |
| 19 | 136,049,030원 | 92,293,350원 |
| 20 | 126,530,670원 | 79,132,970원 |
| 21 | 116,525,330원 | 65,300,860원 |
| 22 | 106,008,100원 | 50,762,750원 |
| 23 | 94,952,790원 | 35,482,600원 |
| 24 | 83,331,860원 | 19,422,530원 |
| 25 | 71,116,390원 | 2,542,740원 |
| 26 | 58,275,950원 | 0원 |
| 27 | 44,778,570원 | 0원 |
| 28 | 30,590,640원 | 0원 |
| 29 | 15,676,830원 | 0원 |
| 30 | 0원 | 0원 |
| 결과 | 30년 만에 완전 변제 | 26년 만에 완전 변제 |

자가 1억 8,872만 2,130원에 불과하지요. 즉 단지 2주 간격으로 상환 방식을 조정했을 뿐인데 4,400만 원가량을 더 아낄 수 있다는 겁니다.

## 2주 상환 시스템 만드는 법

2주 단위로 상환하는 데 필요한 건 대출기관(모기지론을 빌린 은행)에 전화를 거는 게 전부입니다. 전화를 걸어 다음 주 금요일부터는 2주에 한 번씩 대출금을 갚고 싶다고 말하고 2주 상환 방식을 운영하는지 알려달라고 하세요. 기억해야 할 점은, 그렇다고 재대출을 한다거나 기존 모기지론을 변경하는 건 아니라는 것입니다. 다만 약간 다른 방식으로 모기지론 대출금을 갚을 수 있는 서비스에 관한 것이죠. 2주 단위로 상환액을 갚을 수 있는 서비스 말입니다. 여러분이 대출받은 기관에서 그런 프로그램을 제공할 가능성이 있으니까요.

2주 상환 계획을 자동화했을 때 얻을 수 있는 이점은 다음과 같습니다.

- 상환액을 수백만 원(심지어 수억 원까지도) 줄일 수 있습니다.
- 강제로 저축이 되는 시스템입니다.
- 현금 흐름이 보다 여유가 생깁니다.
- 자동화시키면 대출금이 늦게 상환될까 봐 염려할 필요가 없

습니다.

- 모기지론 상환 완료 시점을 몇 년 더 앞당겨 줍니다.

이 프로그램을 실행하는 건 그리 어렵지 않습니다. 대형 금융기관에서 모기지론을 받았다면, 그 곳에서 이 프로그램을 운영하는 외부 기업을 알려줄 가능성이 높지요. 이제는 대부분의 대형 은행들이 이 서비스를 무료로 제공합니다! 일부는 최초 설정 비용을 부과하는 곳도 있으니, 가급적 서면으로 자세한 사항을 알려달라고 요청하기 바랍니다.

### 확인해야 할 사항과 주의할 점

2주 상환 서비스에 서명하기 전 다음 3가지 중요한 질문을 체크해야 합니다.

첫째, 내 돈을 받아서 어떻게 사용할 것인가?

둘째, 추가로 납부한 돈을 내 모기지론 상환에 실제 언제 투입할 것인가?

셋째, 이 프로그램을 이용하기 위해 청구되는 돈이 얼마인가?

이 3가지 사항이 중요한 이유는 다음과 같습니다. 당신이 돈을 보내는 기업 중 일부는 모기지론을 주관하는 금융기관에 1년에 한 번 또는 월말에 한 번 일시불로 돈을 보내기도 합니다. 이건 우리가 원하는 방식이 아니죠. 당신이 추가로 납부한 돈이 최대한 빨리 모기지론 금융기관으로 입금되도록 해야 합니다. 그래야 모기지론을 빨리 갚을 수 있으니까요. 또한 비용이 들 경우 그 비용이 얼마인지 확인하여 득실을 따져 종합적으로 판단을 내려야 합니다.

## 그냥 내가 직접 할 순 없을까?

논리적으로 따지면 자신이 직접 이런 프로그램을 운영할 수 있어야 합니다만, 안타깝게도 그럴 수 없습니다. 만약 본인이 직접 한 달 치 모기지론 상환액을 둘로 쪼개서 2주에 한 번씩 입금한다면, 은행은 그냥 되돌려 보내고 말 겁니다. 그 돈이 어떤 이유로 입금됐는지 알지 못하니까요. 확실히 하기 위해 은행에 전화를 걸어 물어볼 수도 있겠지만, 제 경험상 은행에서는 분명 "안 됩니다"라고 답할 겁니다.

## 비용, 위험, 걱정 없이 같은 효과를 누리는 방법

자, 지금까지 제 얘기를 듣고, 자동적인 2주 상환 플랜에 가입하기는 싫지만 같은 효과를 누릴 수 있는 방법은 혹시 없을지 궁금하신가요? 여기 별도의 비용도 들지 않고, 위험이나 걱정도 없이 거의 똑같은 효과를 얻을 수 있는 두 가지 간단한 방법이 있습니다.

첫째, 어떤 유형의 모기지론을 이용 중이든 상관없이, 그냥 매달 상환액에 10%를 더 내는 방법입니다. 예를 들어 앞서 다룬 예시처럼 매달 상환액이 134만 2,000원이라고 합시다. 여기서 10%인 13만 4,000원씩을 매달 더 상환하면(즉 은행에 134만 2,000원이 아닌 147만 6,000원을 갚으면), 26년 안에 모기지론을 모두 변제하고 약 4,400만 원의 이자를 아낄 수 있습니다. 직접 계산해 볼 수도 있지만, 그냥 은행에 전화를 걸어 모기지론 상환액을 10% 더 늘릴 테니 대출금 상환표를 이메일 등으로 보내달라고 해도 됩니다. 아마 단 몇 분이면 처리될 수 있는 일입니다.

다시 강조하지만, 이 방식이 효과를 거두려면 '자동화'해야 합니다. 그렇지 않으면 매달 상환액을 10% 추가로 입금하는 걸 놓칠 수도 있으니까요. 인생에서는 언제나 일이 벌어지게 마련이고, 그때마다 당신은 '이번 달에는 추가로 상환할 수 없을 만한 충분한 이유가 있었어'라고 변명할 수 있을 테니까요.

이런 함정에 빠지지 않는 방법은 자동화뿐입니다. 모기지론 상환이 계좌에서 자동으로 이체되도록 해놓아야 합니다.

둘째, 단순히 1년 중 한 달을 정해서 그달에는 상환액을 두 배로 내는 방법이 있습니다. 말하자면 1년에 13번 상환액을 갚는 것이죠. 저는 5월이나 6월을 추천합니다. 보통 이때가 세금을 환급받는 시기니까요. 어떤 달을 고르든, 한 번에 두 배의 금액을 보내서는 안 됩니다. 그러면 그냥 거부되고 말 겁니다. 그냥 한 달 치 금액을 두 번에 나눠서 보내세요. 이렇게 하면 첫 번째로 얘기한 10% 추가 상환과 마찬가지 효과를 거둘 수 있습니다. 물론 별도 비용 없이 말이죠.

## 은행에 물어야 할 질문들

어떤 길을 택하든, 은행이나 모기지론 금융기관에 반드시 물어야 할 질문이 있습니다.

- 별도의 수수료 없이 추가 상환이 가능한가요?
  이에 대한 답이 반드시 '네'여야 합니다. (조기상환 시 수수료를 부과하는 모기지론에는 가입하지 말아야 합니다.)
- 정해진 모기지론 상환액 외 추가금을 입금했을 때, 이 추가금이 원금 상환에 사용된다는 걸 확인하려면 어떻게 해야 하나요?

이 질문을 꼭 물어야 합니다! 대개 은행에서 일반적인 절차로 진행된다면, 추가 납부금을 모기지론 상환에 사용하지 않고 그냥 예수금으로 잡아두기만 할 가능성이 아주 높으니까요. 은행에서는 아마 추가금이 원금 상환에 쓰이게 하려면 별도의 서류를 보내라고 요구할 겁니다. 그러니 은행에 그런 효과를 내게 하는 양식이 있는지 물어보세요. 일부 은행은 10% 추가 납부에 대해서도 별도의 서류를 요구할 수 있습니다.

만약 대출금 상환을 자동화해 놓았다면, 이건 별문제가 안 될 수도 있습니다. 은행이 같은 날에 두 번의 입금을 자동적으로 처리할 테니까요. 그리고 마지막으로, 설령 은행에서 당신이 요구한 모든 걸 해주겠다고 했다고 해도, 매달 모기지론 상환 진행 상황을 꼼꼼히 체크하길 강력히 권고합니다. 실제로 모기지론 원금이 줄어들고 있는지 확인해야 합니다. 만약 그렇지 않다면 뭔가 잘못된 것이니까요.

## 이 집에서 30년을 살 생각이 없다면?

앞에서 언급했듯이, 자가 주택 소유자들은 평균적으로 그 집에 10년 이상 거주하지 않습니다. 그런데 왜 어차피 팔고 떠날 집의 모기지론을 그렇게 일찍 갚으려 아등바등해야 한다는 걸까요?

이에 대한 답은 '강제 저축의 자동화'에서 찾을 수 있습니다. 모기지론을 빨리 갚으면 갚을수록, 더 빨리 자산을 구축할 수 있기 때문이지요. 그러고 나서 그 집을 팔 때 비로소 그 자산을 현금화하게 되는 겁니다. 그러면 그 돈에 새로운 모기지론을 더해서 새 집을 살 수도 있고, 또는 저축을 불리는 데 사용할 수도 있습니다. 어느 쪽이든, 멋진 일임이 분명하죠.

## 2주 상환의 이익을 누려라

일부 은행에서는 이런 식의 상환 방식을 좋아하지 않습니다. 이유는 간단하죠. 돈 때문입니다! 은행은 이자로 돈을 버는데 만약 30년이 아닌 20년 만에 돈을 다 갚는다면 손해니까요.

또 다른 이유도 있습니다. 추가 상환을 할 경우 은행은 매달 상환할 때보다 더 자주 여러분의 돈을 처리해야 하지요. 그건 즉 운영비용이 늘어난다는 뜻이고요. 하지만 그건 은행의 문제지, 여러분이 일일이 신경 쓸 바는 아닙니다. 자동 부자로서 여러분의 관심사는 돈을 저축하고, 빚에서 해방되는 시간을 하루라도 더 당기는 것이어야 하죠. 그래서 2주 간격의 모기지론 상환이

### 국내 조기상환수수료는?

주택담보대출 전액을 만기 전에 일찍 갚을 때는 조기상환수수료를 내야 합니다. 하지만 금융사 상품에 따라 일정기간이 지나면 대출원금의 일정 비율까지는 먼저 상환해도 조기상환수수료를 물리지 않는 경우가 있습니다. 중간에 일부 갚아서 이자비용을 줄이고자 한다면 조기상환수수료가 면제되는 만큼만 먼저 상환하면 됩니다. 본인이 주택담보대출을 받은 금융사의 관련 규정을 살펴보시기 바랍니다.

나 매달 추가 상환하는 방식이 필요한 겁니다. 제대로 실행하기만 한다면 이 작은 아이디어 하나가 이 책값의 3,000배에 달하는 이익을 여러분에게 되돌려 줄 수 있습니다. 더 중요한 건, 더 빨리 부자가 되고 더 빨리 은퇴하도록 해줄 수 있다는 것이죠. 다시 한번 '아는 것이 힘'이라는 속담을 증명해 보기 바랍니다.

# 자동 부자들의 행동 수칙

대출금을 다 갚은, 온전한 주택 소유주가 되기 위해 해야 할 일들은 다음과 같습니다.

☐ 아직 자신 소유의 집이 없다면, 이제는 집주인이 되겠다고 결심하라.

☐ 집을 사는 데 얼마를 감당해야 하는지 확인해 보라.

☐ 어떤 방식으로든 모지기론을 조기에 상환하겠다고 결심하라.

☐ 모기지론 상환 방식에 대해 해당 프로그램이나 은행의 절차를 체크하라.

☐ 모기지론 상환을 반드시 자동화하라.

다음으로 우리가 살펴볼 것은, 대부분의 사람들이 부자가 되지 못하게 가로막는 마지막 장애물을 극복하는 법입니다. 바로 '카드빚'의 치명적인 함정을 벗어나는 방법을 함께 알아봅시다.

제
7
장

돈 갚는 데도
기술이 필요하다

평소에 큰돈이 나가는 것은 신경 쓰면서

사소하게 작은 돈이 나가는 것들은 신경을 덜 쓴다.

하지만 이게 반복되면

크나큰 지출로 이어진다는 걸 명심해야 한다.

워런 버핏

우리 대부분에게 빚이란, 은퇴 시점을 어쩔 수 없이 뒤로 미루게 하는 덫과도 같습니다. 빚을 지게 되는 이유 중에는 신용카드를 함부로 쓰고는 나중에 그 소비를 감당하지 못하는 나쁜 습관 때문인 경우가 있습니다. 그런 습관의 희생양이 되어 허덕일 수도 있지만, 반대로 과감히 그 고리를 끊고 나올 수도 있죠. 이 책을 통해 전하고자 하는 가장 중요한 메시지 중 하나는 '자동 부자들은 빚을 지지 않는다'는 겁니다.

이번 장에서는 더는 빚을 지지 않을 수 있도록 신용카드를 사용하고 관리하는 방법에 대해 단계적으로 접근해 보겠습니다. 현재 자신에게 카드빚이 전혀 없다고 해도 계속 읽어주길 바랍니다. 지금뿐 아니라 앞으로도 카드빚에서 자유로워야겠다는 마음가짐을 한층 북돋워 줄 테니까요.

## 돈은 벌기 위해 빌리는 것이다

매킨타이어 부부가 카드빚을 지지 않았던 이유 중 하나는, 대공황 시절을 겪어본 부모님들의 손에 자랐기 때문이지요. 혹시 주변에 1930년대 대공황을 겪어본 사람이 있다면, 그들로부터 그당시 만연했던 '가난'의 실상에 대해 분명 들어봤을 겁니다. 직업도, 돈도 없던 시절이었죠.

신용이 든든한 우량 고객에게 외상으로 물건을 내주는 상점도 일부 있었지만, 현재의 신용카드 같은 건 존재하지 않을 때였습니다. 그러니 돈이 없으면 큰일일 수밖에 없었죠. 그래서 대공황을 겪은 사람들이 빚이라면 질색을 하고 저축의 중요성을 뼈저리게 실감하게 된 겁니다. 대공황의 생존자들에게 빚에 관한 생각을 묻는다면 분명 이렇게 답할 겁니다. "돈을 빌려도 되는 유일한 순간은, 집처럼 가치가 올라가는 뭔가를 살 때뿐"이라고. 저는 요즘의 경기 침체 상황을 보면서 그 원칙이 옳다는 것을 고통스럽게 떠올리곤 합니다.

## 혹시 내가 '빛 좋은 개살구'는 아닌가?

텍사스 사람들은 실제 가진 것보다 더 있는 척하며 사는 사람들을 가리켜 '모자만 컸지 소는 한 마리도 없는Big hat, No cattle 녀석'이라고 합니다. 즉 겉모습은 부유한 목장주처럼 꾸몄지만 실제로는 목장은커녕, 가축 한 마리도 없는 '빛 좋은 개살구'라는 것이죠. 단지 큼지막한 모자만 눌러썼을 뿐.

매일 저는 이렇게 부자처럼 보이는 사람들을 만나곤 합니다. 아마 여러분도 그런 사람들을 만나본 적이 있을 겁니다. 멋진 옷을 걸치고, 비싼 차를 몰고, 번듯한 집에서 살죠. 하지만 그들의 재정 상황을 한 꺼풀만 벗겨보면 옷, 차, 집, 그 어느 것도 본인

206

소유가 아니라는 걸 금방 알 수 있습니다. 모두 빌렸거나 카드빚으로 구입한 것들이죠. 실제 그들이 가진 거라곤 한 움큼의 신용카드 영수증뿐인 겁니다.

혹시, 당신이 그렇지 않은가요?

## 평생 카드빚만 갚고 사는 사람들

현재 미국인들의 신용카드 부채액은 대략 500조 원에 달한다고 합니다. 그것도 자동차 할부금, 모기지론이나 다른 부채를 제외하고서 말이죠. 가구당으로 계산하면 대략 840만 원을 집마다 카드빚으로 떠안고 있다는 뜻입니다.

과연 대부분의 사람들은 신용카드 청구서가 매달 도착했을 때 어떻게 하고 있을까요? 리볼빙 제도가 일상화된 미국에서는 보통 최소상환액만 갚고 있죠. 만약 840만 원의 카드빚을 18% 이자를 내면서 매달 최소상환액만큼만 갚는다면 총 얼마의 돈을 갚게 되는 걸까요?

무려 2,601만 원에 달합니다. 그런데 여기서 잠깐, 이보다 더 심각한 문제가 있습니다.

이런 식으로는 빚을 다 갚는 데 30년이 걸린다는 겁니다!

840만 원을 매달 최소상환액만 갚는다면, 부채가 완전히 상환되기까지 총 365개월이 걸립니다. 즉 30년+5개월이란 거죠. 그나마 더는 카드빚을 지지 않고, 연체수수료나 연회비도 내지 않는다는 가정 하에서 그렇다는 겁니다.

상상조차 하기 싫지 않나요? 30년 하고도 5개월 동안, 매년 18%의 이자를 부담하면서 빚을 갚아야 한다니! 이보다 더 높은 리볼빙 이자율을 적용하는 카드도 많습니다.

진실을 말씀드리죠. 신용카드를 최소상환액만 갚으며 사용하다가는 절대 '자동 부자'가 될 수 없습니다. 그러다간 결국 카드 회사만 배를 불리면서 자신은 가난해질 뿐이죠.

## 하루 쇼핑한 대가가 13년 간다?

신용카드 빚이 위험한 가장 큰 이유는 너무나 쉽게 빠지게 된다는 점입니다. 예를 들면, 대형 유통업체들이 해당 업체와 제휴한 신용카드를 신청하면 할인 서비스를 제공하지요. 이런 식입니다. 유명 아울렛에 가서 110만 원어치 옷을 골랐다고 해봅시다.

---

### 리볼빙 서비스란?

카드사용액의 일부를 내면 나머지 금액은 나중에 갚을 수 있게 해주는 것이다. 일부만 내도 카드대금 연체가 안 되기 때문에 신용등급 하락은 막을 수 있으나, 금리가 높다. 국내 주요 신용카드사들의 리볼빙 서비스 수수료율(이자율)은 5.4~24.0% 수준이다.

계산대 앞에 섰더니 계산원이 친절하게 웃으며 묻지요. "오늘 당장 10%를 할인받고 싶지 않으세요? 저희와 제휴하는 신용카드를 발급받고 그걸로 계산하면 10만 원 이상을 아끼실 수 있는데요. 1분이면 됩니다."

그럼 보통은 꼼꼼히 머리를 굴리는 척하다가 이렇게 생각하는 거죠. "와, 10만 원을 아낄 수 있다고? 당장 발급받자!"

그런데 나중에 청구서가 도착해서 최소상환액만 갚으면, 이게 바로 남의 배를 불려주는 겁니다. 이자율이 18%라면 100만 원을 갚는 데 153개월, 즉 거의 13년이란 세월이 걸리게 되지요. 아마 그때쯤이면 샀던 옷은 이미 온데간데없을 테지만, 그때까지 카드빚을 갚느라 쓴 돈은 210만 원에 달하는 것이죠!

이건 그 아울렛과 카드회사로서는 좋은 일이지만, 정작 본인에게는 그야말로 끔찍한 결과인 것입니다. 그러니 다음에 할인해주겠다며 카드 발급 권유를 받게 될 때는 이렇게 하기 바랍니다.

그냥 "싫어요"라고 하세요.

이제 저를 따라 해 보세요.

"아니오."

"아뇨, 전 신용카드 필요 없어요."

"아뇨, 10% 할인 안 받아도 돼요."

"아뇨, 6개월 무이자 할부 안 해도 돼요."

"아뇨."

"아뇨."

"아니오!"

## 내 카드빚은 얼마인가?

자, 이쯤이면 여러분도 카드빚에서 벗어나겠다는 마음을 굳혔으리라 기대합니다.

그러면 묻겠습니다. 지금 당신은 카드빚이 있습니까?

> "네, 지금은 그렇지만… 앞으로는 아닐 거예요."
> 나는 내 명의로 된 카드가 _____ 장 있다.
> 내 남편/아내는 본인 명의로 된 카드가 _____ 장 있다.
> 내 자녀(또는 다른 부양가족)는 본인 명의로 된 카드가
> _____ 장 있다.
> 현재 우리 가족이 진 카드빚은 총 _____ 원이다.
> 이 카드빚의 평균 이자율은 _____ %이다.

## 성급히 해결하려 하지 마라

하지만 신용카드 빚을 다룰 때는 현실적이어야 합니다. 하룻밤 만에 모든 문제를 해결할 수는 없다는 거죠. 아마 카드빚 때문에 고생하게 되기까지는 오랜 시간이 걸렸을 겁니다. 그리고

카드빚에서 빠져나오기까지도 그만큼의 시간이 필요할지 모릅니다.

이 점을 염두에 두고 마법이라도 부린 듯 당장 카드 문제를 해결할 수 있다고 주장하는 가짜 전문가들을 조심하기 바랍니다. 채무와 신용 문제로 고민이라면 신용회복위원회 같은 공인된 전문기관을 찾아 상담을 받는 것이 좋습니다.

## 카드빚을 해결하는 5단계 작전

자, 이제 구체적인 방법을 알아봅시다. 카드빚에서 벗어나기 위한 다음의 구체적인 4가지 단계를 살펴보기 바랍니다.

### 첫째, 추가적인 빚은 지지 않는다

기본에서 출발하도록 하죠. 현재 카드빚의 수렁에 빠져 있다면, 즉 카드빚을 지고 있으며 거기서 빠져나오고 싶다면, 더는 그 수렁으로 들어가서는 안 됩니다.

어떻게 하라는 거냐고요? 자, 스스로 수렁을 더 깊이 파지 않으려면, 삽을 던져버리면 됩니다. 즉 신용카드를 없애라는 뜻입니다. 카드빚은 갚고 싶지만 여전히 지갑에 카드를 넣어두고 다니는 건 마치 금주 선언을 하고는 여전히 술병을 들고 다니는 알코올 중독자나 다름없습니다.

이건 제 경험에서 우러나온 충고입니다. 저도 한때 신용카드

부채로 크게 고생한 적이 있었거든요. 대학생 때 옷과 가구, 오디오 등 정말 필요하지도 않고 또 감당할 능력이 안 되는 물건들을 사느라 1,000만 원 넘는 빚을 지게 된 겁니다. 있는 힘껏 자제력을 발휘하려고 노력해 봤지만, 결국 알게 된 건 지갑에서 신용카드를 뽑아버리는 것만이 유일한 해결책이라는 점이었습니다.

### 둘째, 이자율을 조정하라

상황이 더 악화되지 않도록 조치했다면, 이제는 현재 상황을 개선해야겠죠. 이때 가장 기본적인 목표는 되도록 쉽게 카드빚을 갚는 것이 되어야 합니다. 이를 가장 쉽고 효과적으로 해낼 수 있는 방법은 현재 부과되는 이자율을 낮추는 것이지요. 그러기 위해 해야 할 일들은 다음과 같습니다.

### 1. 현재 이자율을 파악하라

신용카드 청구서를 꺼내서 상세히 읽어보기 바랍니다. 현재 카드빚의 이자율이 얼마인가요? 만약 청구서에서 찾기 어렵다면 신용카드 회사에 전화를 걸어서 확인하면 됩니다. 그리고 우수고객 이율이 적용되고 있다는 식 말고, 정확한 이자율을 알고 싶다고 말하세요. 신용카드 회사는 이런 질문에 사실대로 대답해야 할 법적인 의무가 있다는 걸 알고 있으니까요.

## 2. 이자율을 낮춰달라고 요구하라

현재의 이자율을 파악했다면, 신용카드 회사에 이자율이 너무 높으니 낮춰달라고 요구해야 합니다. 보유 중인 신용카드 전부를 이렇게 처리하세요. 만약 안 된다고 한다면 이 카드를 없애고 더 나은 이율을 제공하는 경쟁사로 주거래 카드를 옮기겠다고 하세요.

하지만 당신의 전화를 처음 받은 상담원과 이자율을 가지고 설왕설래하면서 시간을 낭비하지는 말기 바랍니다. 전화상으로 즉시 이자율을 낮춰줄 수 있는 권한을 가진 책임자와 통화하겠다고 요청하세요. 단지 이렇게 요구했을 뿐인데 실제 이자율을 낮춘 경우도 많습니다. 또는 카드 연회비를 면제받을 수도 있고요.

## 3. 카드빚을 통합하라

사용하는 신용카드가 여러 개라면, 빚을 없애는 가장 효과적 방법은 거래하는 카드를 딱 하나로 줄이는 겁니다. 이때도 단지 요청하기만 하면 됩니다. 카드회사에 이자율을 낮춰달라고 협상할 때, 최저 이자율을 제시하는 회사로 주거래 카드를 옮기겠다고 얘기하세요. 더 좋은 방법은 신용카드 회사에 당신처럼 카드빚을 통합해서 한 데 모으려는 고객에게 제공하는 상품이 있는지 물어보는 겁니다.

여기서 중요한 건, 이 게임은 카드빚을 회피하거나 돌려막으려는 게 아니라는 점을 기억하는 것이죠. 최대한 낮은 이자율을 적용받기 위함입니다. 그리고 이후에 다루게 될 세 단계는 빚으로부터 완전히 벗어나는 법에 대해 알아보겠습니다.


**셋째, 과거 청산과 미래 투자를 동시에 진행하라**

앞서 우리는 현금 흐름을 관리하는 방식에 따라 미래의 부가 결정된다는 점을 살펴봤습니다. 그를 위해 저는 총수입 중 10%를 자신에게 먼저 투자하라고 조언했지요. 하지만 만약 카드빚을 지고 있는 상태라면 이 계획은 수정되어야 합니다.

카드빚이 있는 사람들에게 저는 이렇게 제안합니다. 자신에게 먼저 투자하기로 결심한 금액이 얼마든지, 그걸 반으로 나눠서 그중 50%는 자신에게 투자하고, 나머지 50%는 빚을 갚는 데 사용하라고 말이지요.

예를 들어 1년 수입이 5,000만 원이고 그중 10%를 자신에게 투자하기로 했다고 합시다. 이런 경우라면 보통은 1년에 500만 원, 한 달에 약 41만 6,000원을 자신을 위해 투자해야 하는 거죠. 하지만 카드빚이 있다면 그 금액을 반으로 나누어 한 달에 20만 8,000원은 자신에게 투자하고, 또 남은 20만 8,000원은 카드빚을 갚는 데 쓰라는 겁니다.

이렇게 자신에게 먼저 투자해야 할 돈을 나누라는 이유는 빚에서 빠져나오는 동시에 미래를 향해 전진할 수 있기 때문이지요. 경제적인 면뿐 아니라 심리적인 면도 고려한 선택입니다. 이렇게 동시에 과거와 미래를 위한다면 앞으로 나아간다는 기분을 느낄 수 있거든요. 돈은 돈대로 모이고 빚은 빚대로 줄어들지요.

빚을 모두 갚을 때까지 저축은 시작하지 말자는 생각으로 모든 돈을 오직 빚 갚는 데만 쓴다면, 미래를 위한 저축을 시작하기까지 그야말로 몇 년이 걸릴지 모를 일입니다. 그건 너무도 부정적인 접근법이라서 그런 방식으로 따르는 사람들은 쉽게 낙담하고, 일찍 포기해서 실제 저축하는 데 이르지도 못하기 십상이지요.

저는 이 시스템을 '과거는 청산하고 미래에 투자하기'라고 부릅니다. 한번 시도해 보시면 반드시 효과가 있다는 걸 알게 될 겁니다.


**넷째, 카드를 끝내라**

이미 설명한 대로, 카드빚에서 벗어나는 가장 쉽고도 효율적인 방법은 빚을 하나의 카드로 통합한 후 자신에게 먼저 투자할 돈의 반을 채무 탕감에 사용하는 겁니다. 하지만 만약 빚을 통합할 수 없는 다른 이유(예를 들면, 빚이 너무 많아 어떤 카드회사도 충분한 신용 한도를 제공해주지 않는다면)가 있다면 어떻게 해야 할까요?

이에 대한 답으로 저는 '카드 끝내기'라는 방법을 제시합니다.

오프라 윈프리 쇼에서도 소개됐던 이 시스템의 기본적인 아이디어는, '일단 카드빚을 다 갚고 난 다음, 카드 사용액을 모두 청산하고 신용카드를 없애라'는 것입니다. 즉 마지막으로 카드 사용액을 다 상환했다면, 그 신용카드를 없애는 것이죠.

물론 사용하는 신용카드가 여러 장일 경우 그 모든 카드 채무를 어떻게 다 갚을지 결정하기가 어려울 수 있습니다. 일단 각각의 카드빚을 조금씩이라도 갚아야 할까요? 아니면 한 번에 하나의 카드에만 집중해서 갚아나가야 할까요? 만약 '한 번에 하나씩'을 택한다면 어떤 카드부터 죽여야 할까요?

바로 이런 고민을 해결하기 위해 '카드 끝내기' 시스템이 필요한 것이죠.

이렇게 하면 됩니다.

- 현재 사용하는 신용카드 각각에 남아 있는 미결제 금액의 목록을 만듭니다.
- 카드별 미결제 금액을 그 카드회사의 최소상환액으로 나눈 값을 찾습니다. 예를 들어 A카드에 남아 있는 미결제 금액이 50만 원이고 A카드의 한 달 최소상환액이 5만 원이라면, 카드빚 50만 원을 최소상환액 5만 원으로 나눈 값인 10이 '카드 끝내기' 값이 되는 것이죠.
- 카드별 카드 끝내기 값을 구했다면 숫자가 작은 순서대로 순위를 매깁니다. 아래 있는 표처럼 작성하면 됩니다.

| 카드 명 | 결제 금액(A) | 매달 최소 상환액(B) | 카드 끝내기 값(C) (=A÷B) | 카드 끝내기 순위 (C값이 가장 낮은 순서대로) |
|---|---|---|---|---|
| X카드 | 500,000원 | 50,000원 | 10 | 1순위 |
| Y카드 | 775,000원 | 60,000원 | 12 | 2순위 |
| Z카드 | 1,150,000원 | 35,000원 | 33 | 3순위 |

이렇게 하면 여러 개의 카드빚을 어떤 순서로 갚아야 가장 효율적인지 알 수 있습니다. 자신에게 먼저 투자할 돈의 반을 카드 끝내기 값이 가장 작은 카드의 채무를 갚는 데 쓰면 됩니다. 그 외의 카드들은 최소상환액만 결제하는 것이죠.

위의 사례라면 카드 끝내기 값이 가장 작은 건 X카드죠. 그러니 매달 자신에게 먼저 투자할 돈의 절반을 X카드의 채무를 변제하는 데 사용하고, Y와 Z카드는 최소상환액만큼만 갚으면 됩니다. 그리고 일단 X카드를 '끝냈다'면(즉 카드 값을 다 갚았다면), 그 카드를 없애고 다음으로 카드 끝내기 값이 작은 카드(이 경우에는 Y카드)의 채무에만 집중하는 것이죠.

카드빚에서 완전히 자유로워질 때까지 이렇게 카드 끝내기를 계속해야 합니다. 위의 표를 활용해서 자신의 카드 끝내기 목록을 만들고 실천해 보기 바랍니다.

**다섯째, 카드값 청구일을 일원화하라.**

카드 결제일이 카드마다 다른 경우, 카드빚 총액을 합산하여 관리하기도 어렵고 효율적으로 신용카드 사용액을 제어하기도 힘들어집니다. 따라서 매월 특정 일자를 지정해서 그날에 카드 값이 일제히 빠져나가도록 하는 것이 좋습니다. 이때 앞서 말한 것처럼 총 인출액이 자신에게 먼저 투자하기로 한 돈의 절반이 되도록 해야 합니다.

# 자동 부자들의 행동 수칙

이번 장에서 다룬 카드빚을 해결하기 위한 작전을 다시 살펴봅시다. 카드빚에서 자동으로 벗어나기 위해 당장 행동에 옮겨야 할 일들입니다.

☐ 지갑에서 신용카드를 없애라.

☐ 이자율을 재조정하라.

☐ 카드빚을 통합하라.

☐ 카드빚을 통합할 수 없다면, '카드 끝내기'를 활용하라.

☐ 자신에게 먼저 투자하기로 한 돈의 절반을 채무 변제에 사용하라.

이제 거의 마무리되어 갑니다. 다음 장에서는 부자가 되고자 하는 많은 사람들이 흔히 지나쳐 버리지만 꼭 알아야 할 문제를 다룰 겁니다. 바로 다른 사람들을 도움으로써 부자가 되는 방법이죠. 특히 후원과 십일조를 자동화함으로써 세상을 더 좋은 곳으로 만드는 법에 대해 알아봅시다.

제
8
장

나누고 베풀면
인생이 완성된다

말하기 전에 들어라. 글쓰기 전에 생각해라.

투자하기 전에 조사하라. 비난하기 전에 기다려라.

기도하기 전에 용서하라. 포기하기 전에 노력하라.

은퇴하기 전에 저축하라. 죽기 전에 주어라.

윌리엄 A 워드

*"우리가 번 돈이 생계를 꾸리고,*
*우리가 베푼 돈이 인생을 꾸린다."*

_윈스턴 처칠

이 책을 사고 여기까지 읽었다는 점만으로도 당신은 한층 특별한 사람이 되었습니다. 돈을 다루는 책을 사는 사람은 많지만, 정작 끝까지 제대로 읽는 사람은 매우 적지요. 그러니 우선 축하합니다. 저는 이 책을 통해 여러분이 자신의 인생에 장기적으로 큰 영향을 줄 수 있는 단순한 행동들을 실천해야겠다는 결심을 하게 됐기를 바랍니다.

지금까지 배운 원칙들은 자동으로 부를 쌓고 경제적인 안정을 얻는 데 입증된 전략들입니다. 또한 시간이 흘러도 변치 않는 원칙들이죠. 이를 실천한다면 여러분은 꿈꾸던 경제적 목표를 달성하게 될 겁니다. 하지만 단지 그 결과만을 바라볼 것이 아니라 부자가 되는 여정 자체를 즐기기 바랍니다.

자동 부자가 된다는 건 결코 부를 축적한다는 것만을 뜻하지 않습니다. 미래에 대한 불안과 스트레스를 줄여서, 미래뿐 아니라 현재의 삶을 즐길 수 있는 위치에 올라서는 것이기도 하죠. 즉 자신의 미래를 바꾸는 동시에 현재의 삶까지도 변화시키는 계획인 겁니다.

이제 저는 여러분과 함께한 여정의 마지막 단계에 대해 말하고자 합니다. 이 단계를 통해 여러분은 마치 지금 당장 부자가 된 듯한 느낌을 얻을 수 있습니다. 비록 실제 부자가 되기 위해서는 아직 시간이 더 걸린다고 해도 말이죠. 어떻게 그럴 수 있냐고요? 구원자이자 후원자가 되면 됩니다. 그럼으로써 세상을 더 좋은 곳으로 만드는 자동 부자가 될 수 있습니다.

## 삶에는 돈보다 더 중요한 가치가 있다

돈이 인생의 전부가 아니라니, 부자가 되는 법을 가르치는 책을 읽는데 이게 웬 뜬금없는 소리인지 어리둥절할 수도 있겠지만, 그게 진실입니다. 그리고 마음속으로는 이미 우리 모두 그 사실을 알고 있지요.

하지만 오해는 말기 바랍니다. 돈은 좋은 것이고 저는 여러분이 원하는 부를 이루길 진심으로 기원합니다. 저는 수많은 부자들과 가난뱅이를 봐 왔지만, 역시 부자가 훨씬 낫더군요. 하지만 돈이 인생에 의미를 부여해 주지는 못합니다. 정말 그렇더군요.

과연 우리는 왜 부를 좇는 것일까요? 저는 그 이유가 단지 돈이 우리에게 줄 수 있는 물질적 혜택만이 아니라(물론 그 역시 훌륭하지만), 심리적인 혜택에도 있다고 생각합니다. 우리는 자신이 바라는 것이 멋진 차, 풍부한 은행 잔액, 넓은 집, 은퇴나 자녀

교육을 위한 자금 등등이라고 믿지만, 궁극적으로 우리가 진정 바라는 것은 이런 물질들이 우리의 마음에 불러일으키는 '감정' 인 것이죠.

자, 한번 생각해 볼까요. 비록 여러분이 지금, 자신이 바라는 경제적 목표까지는 아직 갈 길이 멀다고 해도, 자신이 원하는 심리적 목표에는 생각보다 훨씬 더 가까이 다가서 있을 수도 있습니다. 몇 년 안에 실제 부자가 될 수는 없다고 해도, 부자가 된 기분은 단 몇 주 만에도 느껴 볼 수 있는 겁니다.

그 비결이 궁금한가요?

## 나눌수록 더 커지는 십일조의 힘

지금부터 제가 여러분과 나누고자 하는 이 시스템은 인간의 문명만큼이나 오랜 역사를 가졌습니다. '십일조'라고 불리는 방식이죠.

정확히 '십일조'란 뭘까요?

그것은 베풂의 적극적 실천이라 할 수 있습니다. 여러 문화권에서 자신이 받은 것 중 일정 부분을 사회에 환원해야 한다는 공통된 인식이 자리하고 있으며, 부유한 사람들은 친절과 시간, 아이디어와 돈을 통해 다른 이들을 도울 의무가 있다고 여겨지지요. 이런 기부의 놀라운 점은, 베푸는 행위를 통해 마치 물질적인 보상을 얻은 것과 같은 기분을 느낄 수 있다는 겁니다. 그냥 기분이 좋아지거든요.

우리는 돈과 물질이 풍부할수록 더 행복해질 것으로 생각하지만, 항상 그렇지는 않습니다. 정말 원하던 것을 얻었지만 며칠지나고 나면 그 기쁨은 곧 사라지고, 알 수 없는 공허함과 실망감만 남은 적이 있지 않았나요? 하지만 기부에 관한 한, 더 많이베풀수록 행복감은 더 커지게 마련입니다.

아마 여러분은 이 십일조라는 개념에 이미 익숙할 겁니다. 처음으로 이 단어를 듣게 된 장소는 교회나 절 같은 종교시설일 가능성이 크지요. 십일조<sup>Tithing</sup>는 고대 앵글로-색슨어로 '10분의 1'을 뜻하는 말로, 원래 매년 땅에서 수확하는 양의 10%를 자선단체에 기부해야 하는 의무에서 비롯된 겁니다. 하지만 이것이 십일조의 전부는 아닙니다. 단지 전통을 따르고 어떤 보상을 바라는 것 이상의 가치가 있는 일이죠. 베푸는 행위 그 자체의 순수한 기쁨이 십일조라는 행위에 담겨 있습니다.

그런데 여기서 놀라운 일이 벌어집니다. 오히려 베푼 사람에게 더 큰 이익이 돌아가는 것이죠. 더 많이 베풀수록, 더 많이 돌려받는 겁니다. 기쁨과 사랑, 부와 인생의 의미가 배가되어 자신에게 되돌아옵니다. 보통 이렇게 말하죠. '더 많이 베풀수록 더많이 행복해진다'라고. 단지 감정뿐만이 아니라, 신기하게도, 베푼 사람에게는 더 많은 돈까지 되돌아옵니다. 왜냐고요? 베푸는사람은 그렇지 않은 사람에 비해 '풍요'를 자신의 인생에 더 잘끌어들이기 때문이죠.

# 어떻게 기부할 것인가

그럼 과연 기부를 해야 하는 걸까요? 그건 개개인의 선택에 달린 문제지만, 혹시 아직 기부를 경험해 보지 않았다면, 한 번 시도해 보라고 저는 권하고 싶습니다. 수입 중 일정액을 정해서 그럴 만한 가치가 있다고 생각되는 곳에 기부를 시작해 보세요. 전통을 따라 10%를 기부할 수도 있고, 그보다 많이 혹은 적게 기부해도 됩니다. 앞서 말했듯 기부는 개인의 선택이니까요. 몇 퍼센트를 기부하느냐가 아니라 베푸는 행위 자체가 소중한 겁니다. 일단 시작하는 게 중요한 거죠.

아주 작게 시작해도 됩니다. 수입의 1% 정도로요. 그리고 자신에게 먼저 투자하기에서 제가 제안했던 방법처럼, 점차 비율을 늘려가는 거죠. 이렇게 시작하면 자신의 운명뿐 아니라 다른 사람들의 운명까지 바꾸는 계기가 만들어질 수 있습니다.

기부의 길로 들어설 마음이 들었다면, 다음으로는 십일조를 실천하기 위한 4단계를 간단히 살펴보도록 합시다. 당신이 결혼했다면 배우자와 상의해도 좋습니다. 기부해야겠다는 마음이 드는지 자신을 돌아보고, 마음을 정했다면 시도해 보세요. 다른 사람을 돕는 행동이 자신에게 얼마나 큰 도움이 되는지 알게 되면 아마 놀라지 않을 수 없을 겁니다.

### 첫째, 십일조를 결심하라

십일조를 하려면 지속적인 헌신이 요구됩니다. 자신에게 먼저 투자하기와 같죠. 수입이 생길 때마다 일정 비율을 기부한다면 상당한 금액이 될 테지만, 만약 연말에 남는 돈을 기부하겠다고 마음먹고 기다린다면 결국 기부하는 돈은 거의 없을 겁니다. 전혀 기부하지 못할 수도 있지요.

하지만 이제 겨우 카드빚을 청산했는데 기부 때문에 다시 빚을 지라고 할 순 없는 노릇입니다. 현재 자신이 감당할 수 있을 만큼의 적당한 비율을 정하세요. 그 다음, 기부를 계속하겠다는 자신의 결심을 글로 적는 겁니다.

---

**십일조 맹세**

오늘 _____ (날짜)부터 나는 내가 번 돈의 _____ %를 기부하기로 맹세한다.

서명 : _____

---

### 둘째, 십일조를 자동화하라

얼마를 기부하기로 했든지, 은행 계좌에서 자동으로 이체되도록 설정하는 것이 좋습니다. 요즘은 이렇게 하기가 더 쉬워졌죠. 대부분의 자선단체에서는 기꺼이 기부자가 자동이체 일정을 잡을 수 있게 도와주며, 온라인을 통해 단 몇 분 만에 자동이체를 설정할 수 있는 곳도 상당수입니다. 자선단체에 인출 권한을 주는 것이 마음에 걸린다면, 자동이체를 본인의 은행에서 설정할 수도 있습니다. 거래 은행에 문의하면 해당 서비스를 받을 수 있을 겁니다.

### 셋째, 기부할 대상을 조사하라

어디에 기부할 것인지는 전적으로 여러분의 선택입니다. 다만 제가 꼭 전하고 싶은 조언은, 힘들게 번 돈을 기부하는 곳이 그 기부금을 올바로 사용하고 있는지 확인하라는 겁니다. 규모가 큰 자선단체들은 기부금의 상당 부분을 운영비로 사용하는 경우가 많지요. 그래서 사람들을 돕는 대신 자신들의 월급이나 경비로 기부금을 써버리는 자선단체도 여럿입니다.

얼마 전, 제가 소중히 여기는 일에 연관된 기부 모금을 진행한 적이 있었습니다. 일주일 내내 노력해서 대략 2,000만 원이나 되는 현금을 모았죠. 하지만 나중에 실제 기부된 돈은 그중 40%에도 미치지 못했다는 걸 알게 됐습니다. 40%만 해도 적지 않은 액수였지만, 그래도 더 많은 돈이 도움을 필요로 하는 사람들에게 전달되지 못했다는 데 실망할 수밖에 없었죠. 분명 기부금 전액을 모두 후원에 사용할 수 있는 자선단체는 없겠지만 40%는 너무 적은 비율인 겁니다. 전문가들은 적어도 기부금의 75%를 원래 목적에 사용하는 자선단체를 택하라고 권합니다. 또한 운영관리비나 모금 경비로 50% 이상을 사용하는 곳은 피하라고 하죠. 그러니 스스로 현명한 기부자가 되어, 어느 곳에 기부하는 것이 좋을지 사전 조사를 할 필요가 있습니다.

만약 지금 당장 기부금을 낼 형편이 안 된다면, 돈이 아닌 다른 것을 기부하는 방법도 있습니다. 예를 들어 자신의 시간을 대신 투자하는 거죠. 소매를 걷어붙이고 도움이 필요한 곳에 봉사하면 더 큰 기쁨을 얻을 수 있을 겁니다.

**넷째, 공제나 감면 혜택을 확인하라**

후원금이나 기부금을 낸 경우 연말 소득공제나 세금 감면 혜택을 받을 수 있습니다. 하지만 모든 경우에 다 그런 것은 아니므로, 자신이 기부하는 대상이 그런 혜택을 받을 수 있는 곳인지, 혜택을 받을 수 있는 한도가 얼마인지는 별도로 확인해야 합니다.

## 세계 최고의 부자들도 십일조를 실천했다

위대한 리더들과 사업가들의 인생을 들여다보면 드러나는 놀라운 공통점 한 가지가 있습니다. 바로 부나 명성을 쌓기 한참 전부터 십일조를 실천하기 시작했다는 겁니다.

대표적인 사례가 존 템플턴 경입니다. 누구나 인정하는 세계 최고의 투자자이자 백만장자인 템플턴 경은 자선가로도 많이 알려져 있죠. 하지만 그는 부자가 된 이후에 기부를 시작한 게 아닙니다. 겨우 집세를 내던 힘들었던 시절부터 베풀 줄 알았던 사람이지요.

템플턴 경과 아내가 일주일에 겨우 5만 원을 벌었던 시절, 그들은 수입의 50%를 자신에게 먼저 투자하면서 동시에 기부도 잊지 않았습니다. 그러고 나서 결국 백만장자가 된 거죠.

자, 여러분은 어떻게 생각하나요?

# 자동 부자들의 행동 수칙

이번 장에서 설명한 단계를 되짚어 봅시다. 다음은 자동 십일조를 위해 고려해야 할 사항입니다.

- ☐ 수입 중 얼마를 기부할지 결정하라.
- ☐ 자신이 관심을 가지고 믿을 수 있는 자선단체를 선택해 조사하라.
- ☐ 기부금이 매달 납부될 수 있게 자동화하라.
- ☐ 세금 혜택을 위해 기부금 납부 근거를 기록하라.

제
9
장

# 한 눈에 보는
# 자동으로 부자 되는 법!

반복적으로 하는 행위가

곧 자기 자신이다.

탁월함이란

행동이 아닌 습관으로 완성된다.

아리스토텔레스

《자동 부자 습관》초판이 처음 출간됐을 때 저는 사람들에게 한 시간 만에 재테크를 자동화하는 법을 가르치기 위해 240쪽의 '자동 부자 설계도'를 사용했습니다. 새로운 개정판에 이 설계도를 추가할지 말지에 대해 고민한 이유는 자칫 책의 흐름을 방해하지 않을까 걱정스러웠기 때문입니다. 그러다가 결국, 여러분들에게 꼭 필요한 내용이라는 생각에 넣기로 했습니다. 저는 이 도표가 아직 자동 부자의 길을 시작하지 않은 사람들을 독려하고 여러 의문에 답해줄 수 있을 만큼 강력한 효과를 발휘할 것이라고 자신합니다.

그러니 이 9장의 내용을 '자동 부자의 삶'으로 여러분을 좀 더 빨리 이끌어줄 일종의 '커닝 페이퍼'로 여기면 됩니다. 또한 책 전체 내용을 정리해 놓은 요약본이기도 하므로, 책 한 권 읽기를 부담스러워하는 가족이나 친구에게는 이 부분만이라도 읽어보라고 권해도 좋습니다.

자, 준비됐나요? 마지막으로 한번 더 힘내 봅시다!

## 당신의 재테크가 순식간에 자동화된다

이 책에서는 여러분의 현명한 재테크를 위해 올해 당장 실천해야 할 몇 가지를 다루고 있습니다. 그중 대부분은 번 돈의 일부를 비상금, 퇴직연금, 모기지론과 카드빚 상환 등 특정한 목적을 위해 따로 떼어 놓으라는 것이죠. 이것들은 모두 시간이 지나도 변치 않는, 그리고 검증되고 입증된 전략으로서, 종합적으로 실천한다면 여러분에게 경제적 안정과 궁극적인 인생의 자유를 안겨줄 겁니다.

240쪽의 설계도에 따라 이 책에서 안내하는 그대로 실천한다면, 제가 장담하건대, 여러분은 절대 실패나 좌절 따위 없는 재테크 비결을 체득하게 될 겁니다. 게다가 이 비결은 한 번의 실천만으로도 자동적으로 효과를 발휘하기 때문에, 다시 고민할 필요 없이 잊어버려도 무방하지요.

이 모든 과정을 실천하는 데는 한 시간이 채 걸리지 않습니다. 그저 설계도를 읽고 따르면 되지요.

그다음 자동화하는 게 전부입니다!

## 한 시간 만에 실행 가능한 재테크 자동화의 비결

### 1. '자신에게 먼저 투자'를 자동화하라.

3장에서 저는 자신에게 먼저 투자하기의 중요성에 대해 설명했습니다. 적어도 수입의 5%를 퇴직연금에 투자하고 절세 효과를 누리라는 것이었죠. 나아가 총수입의 12.5%(하루 노동시간의 1시간분)까지 투자 비율을 올리는 게 이상적입니다.

투자 금액과는 상관없이, 그 과정을 자동화하는 것이 필수입니다. 좋은 소식은 대부분의 퇴직연금 제도는 급여에서 자동으로 공제된다는 겁니다. 지금 당장 투자 비율을 높일 수 없는 상황이라면 자동으로 비율을 높여가는 계획을 활용하면 좋습니다.

## 2. 비상금 마련을 자동화하라.

5장에서는 적어도 3개월 치 생활비를 비상금으로 유지해야 한다고 설명했습니다. 그리고 일반 예금계좌가 아닌 별도 목적을 위한 계좌에 적립해 두라고 했죠. 비상금으로 충분한 돈이 모일 때까지는 적어도 수입의 5%가 곧바로 비상금 계좌에 이체되도록 해야 합니다. 은행 자동이체 서비스를 이용하여 급여가 입금될 때마다 자동으로 비상금이 쌓일 수 있도록 하는 것이 좋습니다.

## 3. 드림머니 마련을 자동화하라.

'드림머니'가 뭐냐고요? 이 책에서는 드림머니에 대해 다루지 않았지만, 전에 제가 쓴 다른 두 권의 책《현명한 여자가 부자 된다Smart Women Finish Rich》와 《현명한 부부가 부자 된다Smart Couples Finish Rich》에서 이 개념을 설명한 바 있습니다. 그러나 아주 간단한 개념이기 때문에 이 책들을 읽지 않아도 충분히 이해할 수 있지요.

쉽게 말해 드림머니란, 집, 자동차, 결혼, 하와이 여행, 기타, 스키 강습, 요리 학원 등 당신이 꿈꾸는 그 무엇에든 들 비용으로 쓰기 위한 돈입니다. 이런 꿈들을 이루는 데는 대개 '현금'이 필요하기 마련인데, 대부분의 사람들은 꿈을 이루기 위한 현금을 보유하지 못하는 경우가 많아서 신용카드 빚이든 다른 방법으로 대출을 받든 결국 돈을 빌리게 됩니다. 그렇지 않으면 그 꿈을 결코 현실로 만들 수 없으니까요. 어떤 면으로는 이 드림머니 계좌가 여러분이 가져야 할 가장 중요한 계좌라고 할 수 있습니다. 꿈을 이루는 것이야말로 가슴 뛰는 인생을 살게 해주는 원동력이죠. 비상금 계좌와 마찬가지로 드림머니 전용 계좌를 만들어 총수입의 일정 비율을 자동으로 이체될 수 있게 설정해야 합니다.

### 4. 신용카드 대금 지급을 자동화하라.

사용하는 카드가 여러 개라면, 신용카드 회사에 연락해서 모든 카드 결제일을 같은 날짜로 지정해야 합니다. 급여 입금일로부터 5일 후 정도가 적당하지요. 절대 연체수수료를 부담하지 않도록 해당일에 카드 대금이 결제되는 걸 확인해야 합니다.

### 5. 매월 청구서 결제를 자동화하라.

매월 청구되는 지출에는 두 가지 종류가 있습니다. 항상 같은 금액이 나가는 정액 지출(모기지론 상환금, 집세, 자동차 할부금)과 결제 금액이 변하는 변동 지출(전화요금, 인터넷요금 등 통신비)이지요.

정액 지출되는 금액은 은행계좌에서 매달 빠져나가도록 설정하면 됩니다. 또 변동 지출의 경우엔 신용카드로 결제되도록 하여, 자칫 은행 잔액 부족으로 제날짜에 결제되지 않는 불상사를 피하는 것이 좋습니다. 저는 모든 경제생활을 이런 식으로 자동화해 두었지요. 그 결과 모든 청구서가 제날짜에 결제되기 때문에 절대 연체료나 벌금을 내 본 적이 없습니다. 이 간단한 조치 하나만으로도 은행과 신용카드 회사가 바라는 연체료를 고스란히 아낄 수 있는 겁니다.

### 6. 기부를 자동화하라.

8장에서 얘기했듯이, 기부는 자동 부자가 되기 위한 필수적인 과정입니다. 하지만 1년에 한 번 목돈을 한꺼번에 기부하는 것보다, 총수입의 1~10%가 자신이 선택한 단체나 기관에 매달 자동으로 기부되도록 해야 합니다. 대부분의 자선단체에서도 신용카드 결제나 은행계좌 자동이체를 통해 기꺼이 기부받고자 할 겁니다. 마음에 드는 자선단체를 골라 매달 기부자가 되어 보세요. 기부가 한층 더 즐거워질 겁니다.

이렇게 하여 이제 여러분은 재테크를 자동화하는 데 성공했습니다. 축하합니다! 설사 이제부터 다른 어떤 조치를 취하지 않아도 재테크가 성공할 수 있도록 설정한 셈이니까요.

마지막으로 부록에 실린 '자동 부자의 꿈을 이룬 사람들의 이야기'를 둘러보길 바랍니다. 그들의 이야기를 듣다 보면 "저들도 했으니 나도 할 수 있어!" 하는 자신감을 얻을 수 있을 겁니다.

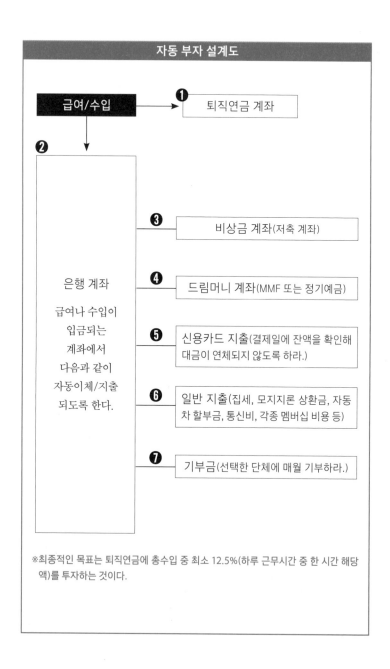

# 자동 부자 설계도

**급여/수입**

❶ 퇴직연금 계좌

❷ 은행 계좌

급여나 수입이
입금되는
계좌에서
다음과 같이
자동이체/지출
되도록 한다.

❸ 비상금 계좌(저축 계좌)

❹ 드림머니 계좌(MMF 또는 정기예금)

❺ 신용카드 지출(결제일에 잔액을 확인해 대금이 연체되지 않도록 하라.)

❻ 일반 지출(집세, 모지지론 상환금, 자동차 할부금, 통신비, 각종 멤버십 비용 등)

❼ 기부금(선택한 단체에 매월 기부하라.)

※최종적인 목표는 퇴직연금에 총수입 중 최소 12.5%(하루 근무시간 중 한 시간 해당액)를 투자하는 것이다.

# 당장 오늘부터 시작하라!

꿈꿀 수 있다면 실현도 가능하다.

월트 디즈니

제가 말한 것처럼 자동 부자 되기가 그렇게 쉽다면, 대체 그토록 많은 사람들이 그 길을 걷지 않고 있는 걸까요? 안타깝게도 그게 인간의 본성입니다. 해야 한다는 걸 알면서도 대부분의 사람들이 실천하지 않는 거죠.

누구나 부자가 되고 싶어 하지만, 부자가 되는 일에 투자할 시간이나 에너지가 부족하다고 불평합니다. 재테크 프로그램에 대해 들어서 알긴 하지만, 그런 조언들을 무시할 수십 가지 이유를 만들어내지요. 그러면서 "너무 쉬워서 믿을 수가 없는 걸"이라고 말합니다. "자동 부자가 되라고? 아, 물론 그래야지." 더 나쁜 경우는 이런 재테크 책을 샀다는 데 만족하고는 정작 배운 대로 전혀 실천하지 않는 것이죠.

여러분은 이런 사람들 중 한 명이 되지 않길 바랍니다. 여러분은 이미 엄청난 일을 이뤄냈으며 자신의 미래를 영원히 바꿀 준비를 마쳤다는 점을 항상 명심하세요. 아마도 여러분 중에는 이미 '자신에게 먼저 투자하기'와 '자동화하기'의 원칙들을 실제 돈을 다루는 일에서 실천하기 시작한 사람이 있을지도 모르겠군요. 참 멋진 선택입니다! 혹은, 아직 시작하지 않았다면 지금이야말로 출발하기에 좋은 시간입니다.

기다려서는 안 됩니다. 자동 부자 습관은 간단한 원칙들로 구성돼 있으며, 결코 실천하기에 어렵지 않습니다. 그저 시작하기만 하면 되지요.

이 책에서 어떤 부분이 가장 기억에 남았나요? 그 부분으로 돌아가 다시 읽어 보기 바랍니다. 아마도 저처럼, 여러분도 매킨타이어 부부의 이야기에서 가장 큰 자극을 받았으리라 생각합니다. "저들도 했으니 나도 할 수 있어!" 그리고 여러분의 믿음이 옳습니다.

혹은 '라테 요인'를 파악하는 내용이 가장 끌렸을 수도 있을 겁니다. 제 책을 읽어본 독자 중 정말 많은 분들이, 이 간단하고 사소한 개념 하나가 자신의 삶을 바꿔놓았다고 알려주었죠. 여러분의 삶 또한 바뀔 수 있을까요? 이에 대한 답을 가장 빨리 확인하는 방법은 77쪽으로 돌아가 자신이 하루에 얼마를 지출하고 있는지 추적해 보는 겁니다. 그리고 이를 통해 어떤 일이 벌어지는지, 자신에게 먼저 투자하게끔 동기 부여가 되는지 지켜보면 되지요.

아마 '자신에게 먼저 투자하기'라는 개념이 가장 마음에 들었을 수도 있습니다. 그렇다면 기다릴 필요가 있나요? 당장 내일, 개인 퇴직연금 계좌를 개설하면 됩니다. 그리고 '자동화'를 실천하면 이후에는 돈의 흐름에 대해 더는 걱정할 필요가 없지요. 꼭 기억해야 할 점은, 재테크 프로그램을 자동화해 두면 의지력이나 시간에 구애받지 않아도 된다는 겁니다. 자신에게 먼저, '자동으로' 투자하게 될 테니까요.

비상금 계좌를 만들고 자동으로 비상금을 마련하면 인생에서 걱정거리가 크게 줄어든다는 얘기를 인상 깊게 읽었을 수도 있지요. 지금 어떤 상황에 처해 있든지 은행에 여러 달 치의 생활비가 준비돼 있다면, 삶을 훨씬 편하게 즐길 수 있지 않을까요? 제 말이 맞다고 생각한다면 5장에서 일러주는 절차를 따르세요. 그러면 여러분도 비상시에 기댈 수 있는 경제적 보호막을 갖출 수 있습니다.

현재 세입자 신분인 분들은 6장의 자기 집을 마련하는 내용에 자극받았을 겁니다. 실제로 자신의 집을 소유하지 않고는 진정한 자동 부자가 될 수 없습니다. 그리고 이제는 여러분도 빚에서 자유로운 집주인이 되는 법을 알게 되었지요!

채무에 시달리는 분이라면 7장에서 다룬 자동으로 빚을 갚는 시스템에 관심을 두겠지요. 그대로 실천만 한다면 충분히 도움을 줄 수 있는 내용입니다.

이 책을 읽고 기부하기로 마음먹은 분도 있으리라 생각합니다. 결국 진정한 부富란 단순히 돈이 많은 것이 아닙니다. 진정한 부자가 되려면 '어떻게 사느냐'가 가장 중요하지요. 더 많이 나눌수록 더 많이 돌려받게 돼 있습니다. 자신이 감당할 수 있다고 생각하는 그 이상의 기부를 실천해 보고, 과연 얼마나 큰 보상이 자신에게 돌아오는지 확인해 보기 바랍니다.

마지막으로, 이 자동 부자 프로그램의 어떤 내용이 가장 마음에 들었느냐에 상관없이, 반드시 자신에게 던져야 할 한 가지 질문이 있습니다. 바로 "안 될 이유가 뭐 있어?"이지요.

이 책에서 배운 내용을 실천하지 않을 이유가 있나요?

여러분의 모든 재테크를 자동화하지 않을 이유가 있나요?

만약 그 결과가 마음에 들지 않는다면, 언제든지 자신이 과거에 했던 방식으로 돌아가면 그만입니다.

물론 저는 여러분이 다시 과거로 돌아가고 싶지 않을 거라고 확신합니다. 일단 자동 부자 습관을 실천한다면 기꺼이 계속해서 진행할 것이며, 더는 돈이나 경제적 안정에 대해 불안해하지 않게 될 것이라고요. 미처 알지 못하는 사이에, 어느새 여러분의 미래는 점점 더 밝아질 겁니다. 돈에 대해 걱정만 하는 대신 자동 부자가 되는 길에 올라서 있게 될 겁니다. 또 한 걸음 더 나아가 친구나 동료에게 자동 부자가 되는 길을 함께 걷자고 가르치고 권유하게 될 겁니다.

지금으로부터 5년 후, 통장에 쌓인 돈, 사라진 빚, 자신 소유의 집, 그리고 자동 부자가 되는 계획이 실현된 삶을 상상해 보세요. 그렇게 부자가 되고 다른 사람들을 도울 수 있게 되는 것이죠. 자신이 진정 아끼는 사람들과 같은 길을 걷게 된다니, 생각만 해도 짜릿하죠!

만약 이 책을 읽는 여러분이 매킨타이어 부부나 다른 여러 자동 부자들처럼 될 수 있다면, 그건 제게는 더없이 큰 행복일 겁니다. 그런 저의 바람과 기도가 항상 여러분과 함께하리란 점을 알아줬으면 합니다. 저는 당신이 자신만의 꿈과 재능을 지닌 특

246

별한 사람이라는 걸 압니다. 그 꿈과 재능을 실현시킬 자격이 있는 사람이라는 점도요. 당신이 해낼 수 있다는 걸, 저는 압니다.

이 책의 내용이 여러분의 마음을 움직였다면, 저도 여러분의 이야기를 듣고 싶습니다. 당신의 성공과 도전 이야기를 제게 이메일(success@finishrich.com)로 보내주기 바랍니다. 그리고 우리가 다시 만날 때까지 여러분이 자신의 인생을 즐겼으면 합니다. 부디 그 인생을 위대하게 만들어 내길 빕니다.

# 실제 자동 부자들의
# 성공 스토리

성공하려는 본인의 의지가
다른 어떤 것보다 중요하다.
에이브러햄 링컨

축하합니다! 이제는 여러분도 자동 부자가 되기 위한 자신의 여정에 돌입했지요. 혹은 앞의 내용을 건너뛰고 이 부록을 먼저 읽고 있을 수도 있겠군요. 어느 쪽이든, 저는 지금부터 할 이야기를 빨리 전하고 싶어 견딜 수가 없습니다. 2003년, 《자동 부자 습관》의 초판이 출간됐을 때 이 책을 읽고 자신의 재테크를 변화시켜야겠다고 결심한 독자들로부터 수천 통의 이메일과 편지들이 도착했습니다. 그게 과연 쉬운 일이었을까요? 이제 그들의 이야기를 읽어보고 알아보도록 하죠. 읽으면서 "저들도 했으니 나도 할 수 있어!"란 생각이 여러분의 마음속에 들었으면 합니다. 왜냐하면, 이 이야기들은 '사실'이거든요! 아마 여러분은 이보다 더 잘해낼 수 있을 겁니다!

이 실제 성공담들을 통해 여러분이 각자의 삶에서 실천할 수 있는 힘을 얻기 바랍니다. 그리고 제게 그 성공 스토리를 들려주세요. 저 역시 여러분의 이야기를 듣고 무엇을 해야 할지 영감을 얻으니까요. 그 이야기를 앞으로 제가 쓸 책들에서 다룰 수 있다면 정말 좋을 겁니다. 제 홈페이지 www.finishrich.com에 방문해서 여러분의 이야기를 들려주세요.

데이비드에게

서점에 놓여 있던 《자동 부자 습관》이 제 눈에 들어온 건 작년 7월, 가족들과 함께 쇼핑을 즐기고 있을 때였어요. 단지 몇 장을 들춰 봤는데도 구구절절 옳은 말이더군요. 집에 돌아가자마자 도서관에 예약을 걸어 두었지만, 결국 기다리지 못하고 구입했죠.

그 결과 저는 스스로를 자랑스럽게 여기게 됐습니다. 7월부터 비상금 계좌에 180만 원으로 넣어두고 매주 5만 원씩을 자동이체하고 있지요. 퇴직연금에 투자하는 비율을 4%에서 15%로 늘렸고, 제 남편도 5%에서 15%로 늘렸고요. 거의 모든 청구서가 자동으로 지급되게 해놓았고, 모기지론 대출 상환액도 추가로 늘렸습니다.

특히 제 직장 동료 3명에게 퇴직연금에 가입하게끔 권한 점이 자랑스럽군요. 회사가 몇 년 동안 보조금을 지급하고 있는데도 그 동료들은 가입을 안 하고 있었거든요.

저는 자신들의 가치관을 굽히지 않으면서도 성공한 사람들을 진심으로 존경합니다. 데이비드, 당신은 정말 많은 사람들을 도와주었기에 감사하다는 말을 꼭 전하고 싶었어요.

애리조나 주 피닉스에서, 킴 라이트

데이비드에게

저는 오프라 윈프리 쇼에서 당신을 본 후 두 번이나 《자동 부자 습관》을 읽었고 이후 이 책의 원칙들을 저 자신의 재테크에 적용하기 시작했습니다. 돈을 쓸 때마다 감정에 기대지 않고 체계적으로 구입함으로써 제 안의 과소비 성향을 억제하는 방법을 발견했지요.

저는 이제 48살인 전업주부고, 44살인 제 남편이 벌어오는 돈이 유일한 생계원인 셈이죠. 자신에게 먼저 투자하기를 실천하기로 결심하고, 150만 원으로 시작해서 남편의 월급 중 30%에 해당하는 금액을 매달 모았죠. 그렇게 6개월 정도 지나고 나니 어느덧 3,000만 원이 넘더군요! 이 돈 덕분에 폐암에 걸린 제 어머니를 도울 수 있었어요. 병원비를 보태고 어머니의 농장을 팔아야 할 위기에서 벗어날 수 있었죠. 또 2005년부터는 퇴직연금에 최대치를 투자할 수 있었고, 신용카드빚도 모두 청산했고요. 이제는 모기지론 외에 다른 빚은 없답니다.

읽고 이해하기 쉽게 쓰인 당신의 책을 만난 건 제게 큰 행운이었어요. 그 원칙들을 재테크에 적용해보니 마법처럼 마음의 평화가 찾아오고 부자로 은퇴할 수 있겠구나 하고 안심이 됐습니다.

미네소타주 디어리버에서, 애나 호프먼

**데이비드에게**

당신은 제게 일어난 일 중 가장 큰 행운이에요! 저는 거의 6년간이나 카드빚에 시달려왔죠. 1999년에 이혼한 이후에 저는 수중에 3,500만 원이 남은 싱글맘이 됐어요. 카드빚 4,000만 원과 자동차 할부금 잔금 800만 원도 제가 갚기로 합의한 건 그냥 전 남편과 법적으로 다툴

여력이 없었기 때문이었죠. 당시 주변 사람들 모두 제게 파산신청을 하라고 했지만, 그때 그러지 않았던 걸 지금은 매우 자랑스럽게 생각해요.

어쨌든 제가 당신을 오프라 윈프리 쇼에서 봤을 때 숨이 턱 막혔죠. 쇼에 당신과 함께 나온 사람들을 보니 나만 빚에 시달리는 게 아니구나 하는 안도감이 들었거든요. 곧장 서점으로 가서 《자동 부자 습관》을 샀죠. 그리고 나서 단숨에 읽느라 그날 밤엔 잠을 자지 못했습니다. 다음 날 아침 책을 마침내 다 읽고 나니, 잠을 못 잤는데도 머리가 너무 맑아지는 느낌이었어요. 그냥 나도 이렇게 할 수 있다는 걸 알았죠. 너무 이해하기 쉬웠거든요.

한 주 동안 제 라테 요인을 기록했고, 카드 끝내기를 위한 계획을 짰고, 은행에 연락해서 이자율도 낮췄어요. 이번에는 빚을 청산하려는 목표에 제대로 다가서고 있다는 느낌이 팍 들더군요. 그리고 해냈어요! 2005년 6월 29일, 드디어 마지막 신용카드 대금을 완납하고 카드 회사에 전화를 걸어 제 카드를 해지해 달라고 요청했습니다. 그런 다음 신용카드를 최대한 잘게 자르고 나니 너무 기뻐서 그만 눈물까지 나더군요! 마치 영겁의 세월을 보낸 듯했지만, 결국은 해냈어요!

그리고 퇴직연금에도 월급의 7%를 넣기 시작했는데 지난주에 급여가 3% 올라서, 투자 비율을 10%로 더 늘렸어요! 정말 기쁘더군요! 데이비드, 당신은 제게 정말 믿을 수 없는 선물을 안겨줬습니다. 저는 엄청난 목표를 달성했고, 다시 행복과 제 삶에 대한 통제력, 인생의 원동력과 목적의식을 되찾을 수 있었어요. 싱글맘이지만 이런 마음가짐이라면 앞으로 제 딸의 인생에도 많은 도움을 줄 수 있을 거라

믿어요. 그러니 당신은 저와 딸 둘 다 감동시킨 셈입니다.
다시 감사의 말을 전해요. 언제나 축복이 가득하길!

뉴욕 주 롱브랜치에서, 테레사 케이

데이비드에게

당신의 책《자동 부자 습관》은 저의 경제적 미래를 바꿔놓았습니다.
저는 수없이 많은 재테크 서적을 읽어봤지만 그 무엇도 실질적으로
미래를 위한 준비를 시작하도록 이끌지 못했죠.
저는 이 책을 읽자마자 즉시 비상금 계좌를 개설했어요. 그리고 개인
퇴직연금 계좌에 최대치로 투자했지요. 남편의 직장 퇴직연금도 최대
치로 상향했고, 모기지론 상환액도 한 달에 100만 원씩 더 늘렸고요!
저는 전업 가정주부지만 이미 은퇴 이후의 삶을 충분히 준비해 났다
는 느낌이 듭니다. 당신의 책을 읽기 전에는 전혀 생각하지 않던 것들
이죠. 이제는 올바른 길을 걷고 있다는 생각에 마음의 평화가 찾아왔
습니다. 50살 즈음에는 반드시 부자가 되어 있을 거라는 확신이 들거
든요.
친구와 가족 모두에게 당신의 책을 추천했고 몇몇 친구에게는 직접
사주기까지 했어요. 당신이 쓴 다른 책들도 어서 읽어 보려고 해요.
제 엄마에게 이미 사드렸는데 아주 좋아하시더라고요!

펜실베이니아 주 코츠빌에서, 아만다 살가도

데이비드에게

오늘《자동 부자 습관》을 다 읽고 난 다음의 제 느낌은, 정말 끝내줍
니다. 3명의 아이를 키우는 터라 항상 돈에 쪼들렸지만, 우리 부부는
10년 전에 남편의 퇴직연금 계좌에 자동 투자를 시작했지요. 기회를
알지 못하면 그 기회를 놓치는 것조차 불가능한 거죠. 비록 때에 따
라 상황이 안 좋을 때는 투자 비율을 조정하기도 했지만, 이제 퇴직연
금에는 어느새 1억 2,600만 원이 모였어요. 2%만 투자했던 때도 있
었지만 이제는 다시 18%를 투자하고 있죠.

저는 파트타임으로 두 가지 일을 하고 있어요. 매주 25만 원씩 제 개
인 퇴직연금에 붓고 있고, 매달 120만 원을 두 아들을 위한 교육보험
에 투자하죠. 그 외의 수입은 비상금 계좌로 자동이체되는데, 이미 5
개월 치인 2,000만 원 넘게 모였답니다! 또 매주 5만원씩 여행을 위
한 자금을 별도로, 자동적으로 모아두고 있고, 모기지론 상환도 추가
적으로 하고 있죠.

당신이 말한 대로 유일하게 올바른 재테크는 오직 자동화를 통해서
만 가능하더군요. 수년간 우리는 있는 힘껏 의지력을 발휘해 왔지만
사실 너무 힘들었어요. 이제야 비로소 익숙해지게 됐죠. 우리의 미래
가 준비되고 있다는 걸 알게 되니 앞으론 좀 더 마음 편히 살 수 있을
것 같네요! 살면서 수많은 어려움을 겪어야 할 가족에게는 꼭 필요한
일이죠.

　　　　펜실베이니아 주 체스터스프링스에서, 마리 루이즈 키어

— ❖ —

## 데이비드에게

저는 최근 《자동 부자 습관》을 다 읽었어요. 그리고 제 아내와 저에게 미래를 위한 저축과 계획 세우기에 즉시 돌입하게끔 일깨워준 점에 감사하고 싶습니다. 또 이 책을 읽게끔 추천해 준 아내도 칭찬하고 싶군요. 우리는 아직 25살, 26살밖에 안 됐지만, 저는 이 책에서 나온 매킨타이어 부부처럼 우리도 착실히 은퇴할 준비를 하고 있다고 생각해요.

우리는 2002년 11월에 첫 집을 샀고 이후로 든든한 집주인으로 살아오고 있죠. 저는 1년 전부터는 퇴직연금도 부어서 700만 원 넘게 모았고, 아내도 본인의 퇴직연금 납부를 최근 시작했어요. 저는 투자 비율을 5%에서 8%로 늘렸고요. 물론 이 모든 걸 자동화해 두었습니다.

모기지론도 다 갚았고, 신용카드빚과 고금리의 자동차 대출금도 다 청산했더니 매달 큰돈을 아낄 수 있게 됐죠. 그리고 더는 다른 대출을 받지 않기로 했습니다. 어떤 걸 살 만큼 충분한 현금이 없다면 그건 지금 당장 그것이 필요 없다는 뜻으로 받아들이기로 했고요,.

또 저축 계좌를 하나 장만해서 매주 7만 5,000원씩 넣어두고 있어요. 이 돈은 절대 건드리지 않기로 결심했죠. 상황이 안 좋아질 경우를 대비해 비상금 계좌도 하나 만들어서 약 두 달 치 생활비를 넣어뒀어요.

이렇게 이 책에서 일러준 대로 실천했고 소비를 줄여서 퇴직연금 투자 비율을 늘렸죠. 또 매달 적은 금액이지만 우리가 선택한 자선단체에 기부도 하고 있고요. 아내와 저는 언젠가 매킨타이어 부부처럼 멋지게 은퇴할 날을 기다리게 해 줘서 당신에게 감사를 전하고 싶었습니다.

뉴욕 주 해밀턴에서, 릭과 앤 롱스트리트

— ❖ —

데이비드에게

3일 동안 제 라테 요인을 추적해 봤지만 저는 일상에서 불필요한 돈을 쓰고 있지는 않았어요. 커피도 안 마시고, 거의 10년 동안 점심은 집에서 싸온 도시락으로 해결하고 있죠. 그런데 백화점이나 옷 가게에서 쇼핑을 할 때가 문제더라고요. 지난달에 쓴 영수증을 모두 모아 봤더니 굳이 필요하지 않은 물건들을 산 금액이 60만 원이 넘었습니다. 그래서 그 돈을 아껴 퇴직연금 투자도 늘리고 빚을 갚고 있죠.

당신의 책을 읽으면서 미래를 위한 더 명확한 계획을 세울 수 있게 됐고, 전처럼 재테크에 대한 스트레스를 받지 않고 있어요. 목표를 이루려면 아직 시간이 더 필요하겠지만, 그때까지 저는 절대 포기하지 않을 생각입니다.

텍사스 주 롤레트에서, 르네 프롤리

— ❖ —

데이비드에게

저는 책을 잘 읽지 않지만 이《자동 부자 습관》은 도저히 내려놓을 수가 없었다는 점을 고백해야겠네요. 제 경우 라테 요인는, 복권이었어요. 매주 두 번씩 9,000원을 복권 구입에 허비하고 있었죠. 한 달이면 7만 2,000원이고 1년이면 86만 4,000원이니, 이 짓을 10년째 해오고 있는 저는 최소한 864만 원을 낭비한 셈이에요. 그래서 그동안 당첨된 금액은? 20만 원도 채 되지 않더라고요.

저는 나름 저축은 하고 있어요. 퇴직연금에는 최대치인 15%를 붓고 있는데 지금까지 2,400만 원이 쌓였고, 매달 10만 원씩 저축펀드에도 투자하고 있죠. 사실 쉽지 않은 일이긴 하지만, 솔직히 이렇게 하지 않으면 다 써버릴 돈이란 걸 알아요.

이번 주말에도 저에게 다른 라테 요인이 있는지 더 살펴보려 해요. 남편과도 함께해 보고, 얘기를 좀 나눠봐야겠어요! 좋은 계기를 줘서 감사해요!

콜로라도 주 롱몬트에서, 다이앤 조지오-월슨

데이비드에게

이렇게 편지를 쓴 건 제가 당신의 책을 얼마나 즐겁게 읽었는지 그냥 알려두고 싶어서예요. 그전까지는 재테크, 투자, 저축, 은퇴 계획 따위에는 전혀 관심이 없었죠. 솔직히 말해서 돈 문제에 안달하는 사람들을 못마땅하게 생각했고, 인색한 구두쇠나 하는 짓이라 여겼어요. 하지만 이제 50살 생일(!)이 불과 몇 년 뒤로 다가온 지금, 소위 '은퇴'가 정말 코앞에 보이기 시작했어요. 그런 차에 당신을 투데이 쇼에서 봤는데《자동 부자 습관》에서 말하는 내용이 저도 충분히 할 수 있을 만큼 쉽게 들리더군요. 그러고 나서 몇 주 뒤에 이 책을 보고는 바로 구입했습니다. 풍부한 정보에 쉬운 내용, 그리고 무엇보다 놀랍도록 동기를 북돋워주는 점이 좋았어요!

그로부터 몇 주 동안 저는 퇴직연금 투자 비율을 올리고 신용카드빚도 크게 줄였어요(현재 120만 원이 남았지만 빠르게 줄고 있죠). 이런 모험을 시작하게 되어 너무 기뻐요. 감사합니다!

펜실베이니아 주 이스턴에서, 톰 만토니

**데이비드에게**

우리의 삶을 자동화하게 해 준 점에 대해 저와, 그리고 제 미래의 아내 몫까지 대신해, 감사드리고 싶네요. 제 아버지는 오랫동안 제게 돈에 대해 가르쳐 주려고 하셨지만 너무 복잡하다고만 생각해 왔고, 한편으론 재테크를 할 만한 여유가 없다고 여겨 왔어요. 이처럼 쉬운 일이라곤 생각조차 못했었죠. 하지만 이 책을 4분의 1 정도 읽었을 때 "하루 중 몇 시간을 당신 자신을 위해 일하는가"란 부분을 보고는 벌떡 일어나 컴퓨터 앞에 앉아서 퇴직연금 투자 비율을 4%에서 15%로 당장 올렸습니다! 동시에 저축 계좌에 추가로 자동이체도 걸어놨고요. 제 약혼녀도 저와 똑같은 삶을 살았었지만, 이제 은퇴한 뒤에도 인생의 황금기가 기다린다는 점을 알고는 한층 더 풍족한 삶을 누릴 수 있게 됐죠.

게다가 내년에는 우리의 신혼집을 구입하기 위해 알아보는 중입니다. 《자동 부자 습관》은 전국의 모든 고등학생과 대학생들의 필독서가 되어야 한다고 생각해요. 그냥 지나치기엔 너무나 좋은 정보들을 담고 있으니까요. 진심으로 감사합니다. 당신이 제 인생을 바꿔줬어요.

텍사스 주 오스틴에서, 크리스 케슬러

데이비드에게

《자동 부자 습관》이란 책을 써줘서 고맙습니다. 어제 이 책을 산 뒤로 책장을 덮을 수가 없더군요. 이제 막 다 읽었는데 정말 제가 평생 읽은 책 중 가장 놀라운 내용이었어요. 제 아내와 저는 둘 다 벌이가 괜찮은 편이지만 언제나 돈을 쓰는 데는 온갖 변명거리를 늘어놓곤 했어요. 공인회계사인 저는 아내에게 항상 돈을 아껴야 한다고 말해왔지만, 정작 실천은 미뤄오고 있었지요.

우리는 집도 있고 직장 퇴직연금도 부어오고 있었기에 완전히 최악은 아니었지만, 그래도 이보다 훨씬 더 잘 준비할 수 있다는 걸 알고 있었죠. 이제야말로 저축을 시작할 때라는 점을 깊이 깨달았고, 당신의 프로그램대로 한다면 훨씬 쉽게 목표를 이룰 수 있을 것 같아요. 오늘밤에는 아내에게 이 책을 읽으라고 권할 겁니다. 이 책이 재테크를 보는 제 관점을 바꾼 것처럼 아내에게도 좋은 영향을 끼치리란 걸 아니까요!

이 책을 써줘서 정말 고맙다는 말을 다시 한번 하고 싶네요. 저의 고객들 모두에게도 읽어보라고 권할 예정입니다. 고객 한 명 한 명을 만날 때마다 빠짐없이요. 부디 건강하시길!

캘리포니아 주 오클랜드에서, 패트릭 프라이스

데이비드에게

당신의 책들은 제 인생을 완전히 바꿔놨습니다. 그 전으로의 삶으로는 이제 다시는 돌아갈 수 없을 거예요. "대체 왜 예전엔 이런 생각을 못했지?"라고 번쩍 정신이 들게 해준 당신의 단순한 계획 덕분에 우리 가족은 이제 풍요로운 은퇴를 맞이하게 되겠죠. 우리는 군인 가족으로, 당신이 제시한 명확한 전략대로 재테크를 하고 있어요. 제때에 당신을 만나게 되어 얼마나 다행인지 몰라요.

저는 교회에서 재테크 방법을 다른 사람들에게 가르쳐주는 일에도 자원했고 항상 당신의 책을 들고 다니면서 지인들에게 추천하고 있어요. 친구들과 친척들에게 그들도 언젠가 저만큼 행복해지길 바라면서 당신의 책에서 배운 바를 전하죠. 당신의 책은 훌륭한 선물도 되고요!

부자로 은퇴할 수 있는 법을 가르쳐 준 점 무척 감사합니다. 당신은 정말 멋진 사람이에요!

워싱턴 주 파스코에서, 소냐 이어슬리

— ❖ —

데이비드에게

제 이름은 캣이고, 볼티모어의 고등학교 졸업반입니다. 이번 가을 학기에 미시경제학과 거시경제학 수업을 듣게 될 예정이에요. 수업을 위해 여름방학 동안 미리 읽어야 할 도서 목록 중에《자동 부자 습관》도 포함돼 있더군요.

저는 학기가 시작하기 전 8권의 책을 읽어야 했어요. 그중에서 당신의 책을 먼저 고른 것은, 제가 비록 아직 17살에 불과하지만, 제 남자친구도 질투할 만큼 '돈'과 사랑에 빠져 있기 때문입니다. 오늘 드디어 당신의 책을 다 읽었는데, 평생에 읽어본 책들 중 가장 가치 있는 독서였어요. 현대의 소비 사회에서 살아가는 데 가장 기본적이고 필요한 점들을 정작 학교에서는 가르쳐주지 않아요. 그래서 제가 아는 대부분의 젊은 사람들은 너무 복잡하다는 생각 때문에 돈을 두려워하곤 해요.

그럼 결국, 당신의 말처럼, 하루하루 근근이 살아가는 데 급급한 삶을 살게 되는 거죠. 제 부모님은 평생 일해 오셨지만, 이제 60살이신데도 모기지론 대출을 다시 받으셨고 앞으로 10년은 더 일하셔야 해요. 저녁식사 때 당신의 책에서 배운 모든 것을 부모님께 가르쳐 드렸더니, 아빠는 관심을 보이시고는 곧장 책을 읽기 시작하셨어요.

이 책은 제게 앞으로 경제적 미래를 어떻게 꾸려 나갈지 확실한 방향을 알려줬죠. 좀 더 일찍 이 책을 만났다면 더 좋았을 것 같아요. 앞으로 몇 년 안에 저는 당신에게 새로운 소식을 전할 겁니다. 저를 보살펴 주셨듯 제 부모님을 보살펴 드리고 싶기 때문에, 당신의 프로그램을 성공적으로 실천하고 싶어요. 이런 당신의 전문적 지식을 평범한 사람들과 나눠 주셔서 너무나도 감사합니다. 우리에게는 솔직하고 간단한 재테크 조언이 정말 무척 필요하거든요. 이제 당신이 쓴 다른 책도 읽으려고 해요. 물론 숙제로 주어진 다른 책들도 다 읽은 다음에요. 하지만 다른 책들의 저자들에게 제가 감사편지를 쓰게 될 것 같진 않네요.

언젠가 부자가 되어 은퇴하는 날이 벌써부터 기다려지네요!

다시금 감사드리며.

메릴랜드 주 볼티모어에서, 캣 해링턴

감사의 말

오늘 아침 6살 난 제 아들 제임스가 저에게 오늘 뭘 할 거냐고 물었을 때, 저는 이렇게 대답해 줬습니다. "아빠가 제일 아끼는《자동 부자 습관》의 개정판을 쓸 거야."

그랬더니 제임스가 묻더군요. "그럼 그 책을 더 좋게 만드는 거예요?"

저는 이렇게 대답했죠. "그럼 정말 좋겠구나, 얘야."

《자동 부자 습관》의 초판이 세상에 나온 뒤로 10년이 넘는 시간이 흘렀다는 점을 믿기가 힘들 정도입니다. 더구나 그동안 제가 쓴 재테크 서적들이 전 세계에서 700만 부가 넘게 팔렸다는 점 또한 믿기 어렵군요. 지난 15년 동안 책을 쓰는 호사를 누리고 또 많은 분들이 제가 쓴 책들을 즐겨줬다는 것도 믿기 힘든 일입니다. 이 모두가 독자 여러분, 당신들의 덕분인 거죠.

이 책을 읽고 특별한 감사의 말씀을 보내준 분들에게 고맙다는 말을 전하고 싶습니다. 《자동 부자 습관》으로 인해 인생이 바

꿰었다는 여러분의 이야기를 들을 수 있었던 건 제 경력에서 가장 큰 보상이었습니다. 이메일과 편지, 페이스북 포스팅을 통해, 또 공항, 강연, 사인회 행사 등을 통해, 여러분이 보내준 감동적인 감사의 표현들이 저로 하여금 이 책의 개정판을 쓰도록 만들어 주었습니다.

이 책의 개정판을 낼 수 있는 기회를 준 랜덤하우스 출판사의 티나 콘스테이블과 로져 숄에게 특별한 감사를 전합니다. 제 에이전트 얀 밀러는 이 결정을 독려하고 지지해줬죠. 제가 쓴 모든 집필 과정을 함께해 준 앨런 메이어, 당신은 정말 대단한 사람입니다.

이렇게 새롭게 감사의 말을 쓰는 동안 10년도 넘은 기억들이 마치 어제처럼 스쳐가는군요. 과거를 지우거나 바꾸는 일이 자칫 잘못으로 남지 않을까 걱정이 되지만, 많은 분들이 이 책의 초판을 가능하게 도와줬던 것처럼, 이 개정판도 같은 도움을 받을 거라 기대합니다. 하지만 초판에 썼던 감사의 말에서 언급되지 않았던 정말 중요한 인물이 딱 한 명 있으니, 바로 오프라 윈프리입니다. 다른 이유가 아니라 오프라 윈프리 쇼에 출연하기 전에 초판에 실린 감사의 말을 썼기 때문이었죠. 오프라 당신과 당신의 팀원들은, 당신들의 청중들에게 제가《자동 부자 습관》의 메시지를 전할 수 있는 기회를 주었죠. 우리는 함께 수백만 명을 도울 수 있었고, 저는 그 경험을 평생 잊지 못할 겁니다.

마지막으로 저의 멋진 가족들에게도 감사를 전합니다. 목숨보다 더 사랑하는 저의 놀라운 아내 아랄티아와 아들 잭과 제임스는 의심할 바 없이 제 인생에서 가장 소중한 일부죠. 제 부모님들은 저를 항상 독려해주고 조건 없이 사랑해주셨죠. 정말 사랑합니다. 전처인 미셸과 그녀의 멋진 남편 진, 그들의 딸 샬롯에게도 감사하고 싶습니다. 우리는 놀라운 현대적 가족이고 그들이 보내주는 사랑에 무척 감사함을 느낍니다.

고맙다는 말로는 너무나도 부족하게 느껴지지만, 그래도 정말 정말 고맙습니다!


2016년 뉴욕에서,
데이비드 바크

데이비드 바크는 지금까지 전 세계 수백만 명에게 부자로 살고 부자로 은퇴하기를 실천하도록 독려해 왔다. 그는 이 시대의 가장 유명하고 왕성하게 글을 쓰는 재테크 저자 중 한 명으로, 그가 낸 책 11권은 모두 전국적인 베스트셀러가 되었으며 그중 두 권은 뉴욕타임스 베스트셀러 1위에 이름을 올린 바 있다.

　바크가 출간한 책 중 4권이 동시에 〈월스트리트 저널〉, 〈비즈니스 위크〉, 〈USA 투데이〉 베스트셀러에 등극하는 기록을 남기기도 했다. 또한 그의 책 중 4권이 2004년 〈USA 투데이〉가 뽑은 '올해의 책'에 나란히 선정된 바 있다. 그의 '부자 되기<sup>Finish Rich</sup>' 시리즈는 전 세계 19개 언어로 번역 출간됐고 총 700만 부 이상의 판매고를 올렸다.

　바크의 대표작인 《자동 부자 습관》은 2004년 비즈니스위크 경제경영서 1위에 선정됐다. 또 무려 31주 동안이나 〈뉴욕타임스〉 베스트셀러에 머물렀으며 〈비즈니스 위크〉, 〈USA 투데이〉,

〈월스트리트 저널〉 등 모든 매체에서 베스트셀러 1위에 올랐다. 당시 100만 부가 넘게 팔렸던 이 책은 즉시 15개 언어로 번역되었고 자동적으로 돈을 저축하는 법을 전 세계에 알렸다.

바크는 언론에 자주 얼굴을 드러내는 유명인사다. NBC 〈투데이 쇼〉의 인기 코너인 '머니 911'에 고정 출연하며, 오프라 윈프리 쇼에는 6번 출연했다. NBC의 〈투데이 쇼〉와 〈위크엔드 투데이 쇼〉, CNN의 〈래리 킹 라이브〉, ABC의 〈레기스 앤드 켈리 라이브〉, 〈더 뷰〉, CBS의 〈얼리 쇼〉, ABC 뉴스, 폭스 뉴스, CNBC 방송에도 고정 출연한 바 있다.

〈뉴욕타임스〉, 〈비즈니스 위크〉, 〈USA 투데이〉, 〈피플〉, 〈리더스 다이제스트〉, 〈타임〉, 〈파이낸셜 뉴스〉, 〈워싱턴 포스트〉, 〈월스트리트 저널〉, 〈LA 타임스〉, 〈샌프란시스코 크로니클〉, 〈워킹 우먼〉, 〈글래머〉, 〈패밀리 서클〉, 〈레드북〉 잡지, 〈스마트 머니〉 잡지, 야후! 파이낸스, AOL 머니, 오프라닷컴 등 다양한 언론과 잡지에 기고했다.

데이비드 바크는 그의 손쉬운 재테크 전략을 가르치는 부자되기Finish Rich 세미나를 창립했다. 50만 명 이상이 이 세미나를 통해 삶에 가치를 더하는 재테크 전략을 배웠으며, 수천 명의 재테크 강사들이 미국 전역 2,000개 이상의 도시들에서 바크의 재테크 비법을 가르치고 있다.

세계적인 자기계발 및 재테크 강사로서 바크는 금융기관, 포춘 500대 기업, 대학과 국제 컨퍼런스에서 주요 강연자로 활약하고 있다. 사람들에게 돈에 대해 가르치는 방법을 연구하는 기업 FinishRich Media의 창업자이자 회장이기도 하다. 이 회사를 창립하기 전에는 모건 스탠리의 부회장과 바크 그룹의 파트너로 일했는데 그의 재임기간(1993~2001년) 동안 5억 달러 이상의 투자금을 운용했다.

현재 뉴욕에서 가족과 함께 거주 중이다.

홈페이지 : www.finishrich.com

# 우리는 숫자가 아니라 삶을 살고 있습니다

《자동 부자 습관》을 기획자가 보여줬을 때, 너무 원칙적인 이야기이지 않나 하는 생각을 했습니다. 하지만 3번을 읽고 나니 생각이 달라졌습니다. 아주 쉽지만 핵심만 담은 이야기라는 것을 알게 되었습니다. 저도 창업을 하려고 10년 계획을 세웠고, 10년 만기 5,000만 원 목표로 저축형 연금에 가입했습니다. 만 10년 되는 해에 저는 창업을 했습니다. 창업이 먼저인지, 저축이 먼저인지는 알 수 없으나 그렇게 원하던 출판사를 시작하게 되었습니다.

7년 동안 매월 45만 원씩 자동으로 돈은 빠져나갔지만, 저도 모르게 목돈으로 창업의 꿈이 영글고 있었습니다. 저자인 데이비드 바크는 말합니다. 가장 먼저 자신에게 투자하는 것이 부자가 되는 지름길이라고요. 자신을 위한 투자와 저축이 진정한 부자의 지름길임을 이야기합니다. 돈이라는 숫자가 아닌 자신의 삶을 찾는 길에는 실천 가능한 부자의 습관이 필요합니다.

《자동 부자 습관》에는 최소 9명의 마음을 모았습니다. 이 책은 외서 전문 기획번역자, 전문 감수자, 기획총책임자, 표지 디자이너, 본문 디자이너, 종이 담당자, 인쇄 담당자, 영업마케팅 운영총괄 그리고 외부 기획조정위원의 마음을 모아 만든 빌딩입니다. 책으로 표현하기에는 아쉬워 마인드빌딩이라고 지었습니다. 이외에도 여러 선한 마음을 담았습니다.

마인드빌딩이 숫자가 아니라 삶이 되길 간절히 바라며 《자동 부자 습관》을 세상에 내놓습니다.

경영책임자 서재필

# 자동 부자 습관
## THE AUTOMATIC MILLIONAIRE EXPANDED AND UPDATED

초판 1쇄 발행 2018년 9월 10일
초판 9쇄 발행 2024년 2월 12일

지은이 데이비드 바크
옮긴이 김윤재
감수자 이혜경
펴낸이 서재필

펴낸곳 마인드빌딩
출판신고 2018년 1월 11일 제395-2018-000009호

전화 02)3153-1330 **이메일** mindbuilders@naver.com

한국어출판권 ⓒ 마인드빌딩, 2018
ISBN 979-11-963390-1-2 03320

이 도서의 국립중앙도서관 출판예정도서목록(CIP)은 서지정보유통지원시스템 홈페이지(http://seoji.nl.go.kr)와 국
가자료공동목록시스템(http://www.nl.go.kr/kolisnet)에서 이용하실 수 있습니다. (CIP제어번호: CIP2018025934)

•책값은 뒤표지에 있습니다.
•잘못된 책은 구입하신 곳에서 바꿔드립니다.